유토피아 코리아

국립중앙도서관 출판시도서목록(CIP)

유토피아 코리아 : 21세기 풍요한국을 여는 21개의 테제 / 박상
필 지음. -- 파주 : 한울, 2008
  p.;   cm

ISBN 978-89-460-3855-4   03340

309.111-KDC4
951.9-DDC21   CIP2007004000

유토피아 코리아

21세기 풍요한국을 여는 21개의 테제

박상필 지음

시대와 민족을 막론하고 모든 사람들은 평화롭고 풍요로운 낙원이나 이상향을 갈망한다. 그리스신화의 아카디아(Acadia)부터 플라톤(Plato)의 철인국가, 기독교의 천년왕국, 중국의 대동사회, 토머스 모어(Thomas More)의 아모로툼(Amaurotum), 캄파넬라(Tommaso Campanella)의 태양도시 등이 말해주는 것처럼, 인간은 언제나 유토피아를 꿈꿔왔다. 유토피아는 보통 현실을 초월해 실현이 불가능한 미래사회를 말한다. 그러나 유토피아라는 개념은 극단적인 부정에서 극단적인 긍정까지 다양하게 정의된다. 현실의 모순을 뛰어넘어 이상적인 사회질서를 꿈꾸고, 그 속에 인간의 원대한 상상력을 투입한다는 점에서 유토피아는 실현 가능성 여부를 떠나 인간생활에 매우 중요하다. 유토피아의 관념 속에는 현실의 고통과 불합리를 극복하고 미래사회를 지향하는 인간의 희망이 내재되어 있다. 그래서 유토피아는 우리에게 진부하고 황폐화된 일상적 삶을 거부하고 새로운 미래사회를 선취해갈 활기찬 영감을 제공한다. 인간의 역사는 이러한 희망과 영감에 의해 발전되어온 것이다.

지난 300여 년 동안 우리의 사상과 생활을 지배해온 근대성은 기본적으로 국가와 시장을 통해 그 명맥을 유지해왔다. 근대에서 말하는 진보란 곧 국가와 시장의 발전을 의미했고, 그것을 담당하는 주체도 국가 아니면 시장이었다. 역사를 사이에 두고 벌어진 논쟁도 근본적으로 이들 중 어느 쪽을 더 중시할 것인지를 다뤘다. 그러나 근대의 핵심제도인 국가와 시장 사이에 시민사회가 들어섰고, 이에 대한 담론이 일어났다. 그 속에서 시민이 주체적으로 참여하는 시민운동이 활발하게 진행되면서 국가와 시장을 초월한 다양한 형태의 삶이 실험되고 있다. 문명의 이기(利器)와 국가제도를 전면적으로 거부하고 일반사회에서 벗어나 급진적인 공동체 생활을 하는 사람들도 있다. 그러나 국가와 시장이 일정한 기능과 역할을 하는 세속적 삶 속에서도 우리는 모든 사람들이 공감하고, 창의성을 발휘하며, 서로 소통하는 사회를 만들어갈 수 있다. 바로 일상의 유토피아이다. 이 글은 한국사회에서 일상의 유토피아를 어떻게 만들 것인지 고민한 끝에 나온 성과물이다.

가끔 신문이나 잡지에 대중적인 글도 쓰지만, 에세이 형식의 책은 처음이다. 끝없이 밀려오는 연구 프로젝트, 연구실을 가득 채운 채 읽어주기를 기다리는 책, 매주 다가오는 강의와 강의 준비, 주기적으로 찾아오는 학술대회 등만을 생각한다면 사실 이런 글을 쓸 엄두를 내기 어렵다. 그런데도 바쁜 시간을 쪼개 전공분야의 연구에서 벗어나 이런 글을 쓴다는 것은 이 시점에서 꼭 하고 싶은 이야기가 있기 때문이다. 시대가 요구하는 바를 아무도 하지 않으면 나라도 뛰어들 수밖에 없다. 당장 대통령선거 과정에서 보인 지나친 물질과 경제 위주 사고에 대해, 그 반명제로서 삶의 질이 갖는 중요성을 알려야만 했다. 비단 대통령선거가 아니더라도, 한국적 삶이란 지나치게 물질·감각·이기에 경도되어 있다. 우리 모두가 바라는 아름답고 풍요로운 삶을 살기 위해서는 반드시 그에 대응하는 정신·열정·이타에 대한 관심과 구체적인 실천이 있어야 한다.

여기에 나오는 21개의 테제는 우리가 21세기에 지향해야 할 삶의 새로운 형식에 관한 주제를 다룬 것이다. 물론 각각의 내용에 대해서는 논쟁의 여지가 있다. 이는 원고를 집필하고 편집하면서 생각을 나눴던 몇몇 지인들과 도서출판 한울 관계자들에게서 확인할 수 있었다. 토론과 편집을 통해 좀 더 세련된 내용과 문장을 갖게 해준 그들에게 감사드린다. 덧붙인다면 글에 빈번하게 나오는 개인적 경험 사례에서 미국의 예를 든 곳이 몇 군데 있다. 미국이 한국보다 앞선 선진국이기는 하지만, 내가 미국에 대해 일방적인 가치평가를 내린 것은 아니다. 단지 다른 선진국에서 살아본 경험이 없었기에 미국과 비교한 것뿐이다. 여기 있는 모든 내용에 대해 강호제현의 비판을 기다린다.

2007년 12월

서울 용두동 자택에서 박상필

차례

제1부

공감하는 삶을 위하여

철학을 공부하는 아이들

30여 년 전 중학교를 졸업하던 해, 시골에서 가난하게 살았던 탓에 아버지가 고등학교에 보낼 수 없다고 했을 때, 나는 전혀 실망하거나 울분을 터뜨리지 않았다. 오히려 재미없는 공부로부터 해방되어 다행이라고 생각했다. 3월이 되어 어엿한 고등학생이 된 친구들이 학교를 다니는 모습을 볼 때면, 내가 목표로 했던 대로 대도시로 나가 고등학교를 다닐 수 있었으면 하는 마음도 들었지만, 그렇다고 해서 중학교와 붙어 있던 시골 고등학교에 진학하고 싶지는 않았다. 고등학생이 되었다는 것만 달라졌을 뿐, 배우는 내용이 그 나물에 그 밥일 것이 뻔했다. 고등학교에서의 생활이, 눈이 휘둥그레질 만큼 새롭거나 가슴을 흥건하게 할 만큼 감동과 희열을 주지 못한 채 반복되는 나날, 딱딱한 강의, 지루한 암기, 어깨를 짓누르는 시험, 무력한 공리(公理) 따위로 채워진 건 그때나 지금이나 마찬가지였다.

열다섯 살이던 그해, 나는 적막한 시골에서 아무 희망도 없는 어린 농사꾼이 되어 세상과 단절되었다. 신문, 라디오, TV는 물론 선생도 없는 시골이었으니 세상이 어떻게 돌아가는지 알 길이 없었다. 그런데 그 구석진 시골에 살던 내게 하나의 거대한 사건이 일어났다. 내 생애 처음으로 종교, 그러니까 불교를 접했던 것이다. 나는 눈을 휘둥그레 뜨고, 감동한 가슴과 주체할 수 없는 희열을 안고 달려들었다. 우주는 어떻게 만들어졌고 그것은 인간과 어떤 관계가 있는가? 사람들은 왜 싸우고 헐뜯고 이기적인가? 나는 왜 부잣집에 태어나지 못해 가난한가? 인생에서 정말 중요한 것은 무엇인가? 그리고 근본적으로 도대체 나는 누구이고, 어디서 왔으며, 결국 어디로 가는가? 이러한 의문부호는 학교에서 배울 수 없는 새롭고, 흥미진진한 것들이었다. 한 사람의 촌로에 불과했던 나의 사부는 지적 호기심에 달뜬 내가 쏟아내는 질문에 답하느라 애를 먹었다. 지금 생각해보면, 농사일을 하면서도 틈틈이 불교를 배운 그가 때로는 확신에 찬 듯이, 때로는 구렁이 담 넘어가듯이 내게 해준 말들은 크게 틀리지 않았다. 다만 내가 원하는 내용을 체계적으로 밝혀주지 못하고, 쉽게 이해할 수 있도록 설명하지 못했을 뿐이다.

그로부터 30년이 지난 지금, 나는 사회과학을 공부하며 NGO(시민단체)로 박사학위를 받고 대학에서 시민사회와 NGO에 대해 연구하며 강의하고 있다. 그러면서 이 분야의 연구를 심화·확장하기 위해 다시 철학책을 들었다. 물론 인간존재와 우주의 실재는 언제나 나의 관심사였다. 대학에 다닐 때부터 (정치학을 비롯한 사회과학을 공부하면서도) 철학을 체계적으로 공부하고 싶은 욕구가 컸다. 그러나 군부독재와 싸워야 했던 긴박한 시대였던지라 학과 및 이념 공부를 하기에도 벅찼다. 그리고 그때는 학부수준 사람들이 쉽게 읽을 만한 철학책도 거의 없던 시절이었다. 대학을 졸업하고는 간간이 불교를 공부하거나 성경을 뒤적였고, 대중적인 철학책을 탐독하기도 했다. 그러나 비전문가의 입장이나마 연구를 위해 철학을 공부하면서 한국사회, 그리고 현대사회의 학문이 얼마나 모순적인가를 절실히 깨달았다. 그야말로 나는 공부를 거꾸로 해왔던 것이다. 철학이라는 바탕 위에 사회과학을 쌓아올려야 하는데, 사회과학을 공부하고 나서 철학을 공부하러 되돌아가고 있으니 말이다.

이제야 드는 생각이지만, 철학에 기초하지 않은 그 어떤 공부도—인문학이든, 사회과학이든, 심지어 자연과학이든지 간에—껍데기에 불과하다고 생각한다. 철학을 전공하지 않은 학자나 자연과학자들은 이런 생각에 동의하지 않을지도 모른다. 일반인들은 철학이나 고전을 몰라도 돈 많이 벌어 풍족하게 사는데 무슨 뚱딴지같은 소리냐고 비아냥할지도 모른다. 그러나 이들이 과학기술을 동원해 정교하고 훌륭한 배를 만들어 바다에 띄울 수는 있지만, 그 배가 어디로 가는지, 그리고 힘들여 배를 만드는 행위가 우리의 삶에 무슨 의미를 지니는가에 답할 수 있을지는 의문이다.

사회의 모든 조직이나 활동과 마찬가지로 공부도 결국 인간이 살아가는 구체적이고 현실적인 삶과 연결되어 있다. 이성과 정신을 가진 인간의 삶이란 단순히 시간을 보내는 것이 아니다. 그것은 일정한 방향을 가지고 있고, 매 순간 의미를 발견하기 위한 끊임없는 노력이다. 철학공부의 본령은 실재를 밝히고 존재를 성찰함으로써 삶에 방향을 제시하고 의미를 부여해줄 지적 토대를 구축하는 데 있다. 멋진 물건을 수출해 부자가 되고, 경제가 성장해 선진국이 되고, 뛰어난 무기를 만들어 강대국이 되었다고 해도, 실재와 존재에 대한 고민이 없으면 그것은 방향을 잃게 되고 의미를 가질 수 없다. 의미 없는 삶이 우리 모두가 바라는 행복일 수는 없다. 돈이 많이 생겼으나 다툼이 끊이지 않고, 부자로 태어났어도 불행한 사람을 쉽게 찾아볼 수 있는 것은 이 때문이다. 철학은 바로 우리의 삶에 방향과 의미를 부여함으로써 우리가 생물학적 인간을 넘어선 철학적 인간임을 상기시킨다.

인간존재를 알기 위해서는 먼저 실존에 대한 공부가 필요하다. 실존이란 곧 자신을 알아가며, 타자와의 관계를 정립하는 것이다. 이것을 연구하기 위해서는 실존문제에 천착했던 철학자들을 공부해야 한다. 예를 들어, 소크라테스(Socrates)와 공자부터 노자, 장자, 키르케고르(Söeren Kierkegaard), 스피노자(Baruch Spinoza), 하이데거(Martin Heidegger), 니체(Friedrich Nietzsche), 쇼펜하우어(Arthur Schopenhauer), 베르

그송(Henri Bergson) 등을 공부할 필요가 있다. 특히 프랑스의 문학가이자 철학자인 사르트르(Jean Sartre)는 꼭 공부해야 한다. 실존주의 철학자인 사르트르는 보부아르(Simone de Beauvoir)와의 계약결혼과 노벨문학상 수상 거절 등으로 잘 알려져 있다. 그는 프랑스 고등사범학교에 다니면서 그의 친구 니장(Paul Nizan)과 함께 세상을 바꿀 언어폭탄을 준비하자고 결의하면서, 세계 최고의 지식인이 되기 위해 1년에 300권의 책을 읽겠다고 결심했다. 그런데 한 시대의 사상을 대변하고 우리에게 중요한 지적 재산을 남겨준 이 철학자가 한때 고등학교 철학교사였다는 사실을 아는 사람은 많지 않다.

고등학교에서부터 인간과 신(神)이라는 근원적인 문제를 다루는 철학을 철저하게 배우게 하는 프랑스 교육체계에서 사르트르의 경우는 이례적이지만은 않다. 이런 구조적 기반은 사르트르가 쓴 『존재와 무』, 『구토』 등과 같은 어려운 철학책을 제과점의 빵처럼 많은 이들이 손에 쥐게 했으며, 이는 오늘날 세계를 대표하는 프랑스 철학과 풍부한 문화유산을 낳았다. 그런데 한국의 고등학생은 어떤가. 그들은 오늘도 수험용 영어단어를 외우고, 지수와 로그를 익히며, 국어지문의 의미를 파악하기에 바쁘다. 그래야만 높은 점수를 얻어 좋은 대학에 가고, 또 남보다 나은 직장을 구할 수 있기 때문이다. 이 나라의 지도자도 그렇게 해야만 자원이 부족한 한국이 세계경쟁에서 살아남아 더 풍족하게 살 수 있을 것이라고 말한다.

그러나 온갖 분쟁과 갈등이 발생하고, 무질서와 부정부패가 횡행하며, 이기와 특권에 매몰되어 많은 사람들이 피상적이고 경박한 삶으로 내몰리는 한국사회의 현실은 궁극적으로 이 땅에 철학공부가 빈곤하기 때문이 아닐까? 물론 한국이 강대국의 틈바구니에서 빠져나와 생존하려면 우선 경제력을 가져야 한다. 그것은 과학과 수학을 공부해서 국제경쟁력을 갖추는 것에서 시작한다. 또한 영어를 배워 세계와 교류하고 더 많은 물건을 세계시장에 팔아야 한다. 그것을 부정하지는 않는다. 그러나 기초를 다지지 않고 집을 지을 수 있는가. 방향을 모르는 배를 바다에 띄운들 무슨 소용이 있는가. 철학이라는 기초를 지니지 못한 발전에는 분명 한계가 있다. 좋은 물건을 만드는 것도, 국제경쟁력을 갖추는 것도, 세계에서 인정받는 것도 궁극적으로는 철학에 기초한 지적 상상력, 인간의 대한 물음, 신에 대한 투사(投射)를 통해 가능하다. 다시 말해, 아무리 뛰어난 경제력과 어학능력을 지녔다 해도 그것에 내재한 목적이 뚜렷해야 한다. 철학은 현실을 비판하고 미래에 대한 상상력을 제공함으로써 그 목적을 밝혀주는 학문인 것이다.

우리도 고등학교에서 철학을 공부하자. 지금의 '국영수'처럼 핵심과목의 하나로 철학을 배우자. 예민한 감수성을 가진 청소년들이 삶의 본질인 생명, 자아, 타자, 자연, 우주, 신에 대해 공부할 수 있게 하자. 그들이 훌륭한 고전을 읽고 풍부한 인성과 끝없이 펼쳐지는 상상력을 기르도록 힘쓰자. 이것이야말로 한국이 진정한 선진국으로 진입하게 할 교육의 초석이다. 그리고 이는 모든 사람이 더욱 진정성을 가지고 삶을 살아가게 하는 출발점이기도 하다. 고등학교 강의실에서 인간존재와 실재에 대한 강의, 호기심 어린 질문, 열띤 토론이 벌어져야 한다. 그리고 대학의 철학과 대학원을 마친 사람들이 교수가 되기 전에 전국의 모든 고등학교에서 철학을 강의하도록 해야 한다. 수십 년 전에 이렇게 주장했다면 우리는 아직 너무 배가 고프고, 또한 이것을 감당할 수 있는 학문적 능력이 없다고 항변할지도 모르나, 이제 우리는 그 정도의 경제력과 학문적 토대를 갖췄다.

고등학교에서 철학이 핵심과목의 하나로 지정되어 철학책이 제과점의 빵처럼 팔리는 나라가 된다면, 우리는 더 높은 상상력과 정신성을 가지고 더 의미 있는 삶을 살아갈 수 있을 것이다. 존재에 대한 눈, 타자를 바라보는 시각, 자연에 대한 관념, 우주에 대한 생각이 달라질 것이다. 지방대학 철학과에 지원하는 학생이 없어 학과가 폐지되는, 결코 간과할 수 없는 중대한 시대적 비극은 자연히 해결될 것이다. 그리고 무수한 토론 단체가 생겨나 공론장이 펼쳐지고, 많은 사람들이 지적 토론에 주체적으로 참여함으로써 각자의 의식수준을 높일 수 있을 것이다. 그리고 노인들도 단지 경로당에서 소일하는 것이 아니라 각종 토론회에 참석해 자신의 지적 욕구를 충족할 수 있을 것이다. 사실 이것은 문명사적으로도 중요한 의미를 갖는다. 지난 300여 년 동안 세계역사와 인간생활을 지배해온 서구근대성은 자기부정을 통해 새로이 재구성될 시점에 있다. 이제 다가오는 시대를 이야기할 때, 동양, 특히 동아시아 국가들을 빼놓을 수는 없다. 이는 동아시아 국가들

의 경제부흥과 과학적 능력의 발달만이 아니고, 새로운 시대의 사상
과 철학이 여기에서 태어남을 의미한다. 2007년 현재, 한국은 더 이상
세계역사의 주변인이 아닌, 새로운 시대의 사상을 창조해 또 한 단계
의 문명진화를 이뤄야 할 중심에 있다. 그것은 청춘시절에 철저하게
철학을 공부하지 않고서는 이행하지 못할 권리이자 책임이다.

스 승 과 함 께 하 는 인 생

스물여섯 살 청년은 대학을 졸업했지만 취직되지 않았다. 일자리는 있었지만, 자신이 원하는 곳에는 갈 수 없었다. 그래서 1년 동안 거의 무위도식하다가 청년이 고안해낸 대안은 러시아행이었다. 그 많은 나라 중에서 미국이나 중국, 일본이나 유럽도 아니고, 심지어 동남아시아에도 여러 국가가 있는데 여전히 낯설게만 여겨지는 러시아를 택한 것은 순전히 친구 때문이었다. 이미 모스크바에서 유학하고 있는 친구는 현지 정보를 제공하면서 러시아로 올 것을 권했고, 청년은 솔깃했다. 졸업 후에도 대학을 떠나지 못하고 캠퍼스를 배회하는 것이 후배들에게 무안했는데, 이제 길을 찾았다는 생각을 하자 한결 마음이 가벼워졌다. 청년은 1년 동안 러시아어를 공부했고, 아르바이트를 하며 돈을 모았다.

부푼 꿈을 안고 모스크바에 도착한 청년은 얼마 지나지 않아 크게 실망했다. 모스크바에 도착하기만 하면 원하는 직장이나 대학이 자신을 기다리고 있으리라는 환상을 가졌는데, 자신 앞에 펼쳐진 것은 허허벌판이었다. 당장 기업에 취직하거나 사업을 할 수 있는 것도 아니고, 그렇다고 대학원에 바로 입학할 수 있는 것도 아니었다. 친구가 곁에 있어주기는 했지만, 어디까지나 조언자나 보조자일 따름이었다. 청년은 1년을 더 견디면서 언어를 익히고 문화를 배우며 생활비 정도를 벌어가며 근근이 살았다. 그래도 원하던 길을 찾지 못하자 모스크바 대학의 언어스쿨에 등록해 1년을 더 다녔다. 하지만 재정문제가 해결되지 않아 대학원에 입학할 수 없었고, 다른 뾰족한 수도 없어서 청년은 하릴없이 귀국길에 올랐다. 이제 대학을 졸업한 지 5년 가까운 시간이 흘렀고 나이는 서른을 넘겼다. 정부나 대기업에 들어간 대학 동기들은 한 단계씩 승진했거나, 사업을 시작해 기반을 잡은 친구들도 있었다. 벌써 애를 낳고 부모가 된 친구도 있었다. 아무것도 이루지 못했다며 자괴하던 청년은 급기야 정신과 치료를 받아야 할 처지가 되었다.

이야기 속 청년이 20대 후반 5년을 보낸 삶의 방식을 우리 주변에서 찾기가 어렵지만은 않다. 일본에서도 직장을 구하지 않고 아르바이트만으로 살아가는 청년이 수백만 명이 되고, 아예 방에 처박혀 수

개월 동안 집 밖에 나오지 않는 히키코모리(引きこもり)가 100만 명이 넘는다고 한다. 그 정도가 약하기는 하지만, 한국도 예외가 아니다 (한국에도 소위 '방콕족'이 10만 명을 넘어섰다고 한다). 우리는 인생을 컨설팅하는 입장에서 이 청년의 경험에 대해 다양하게 분석하고 조언할 수 있다. 예를 들어, 사회는 주는 물만 받아먹고 크는 '시루의 콩나물'이 살아남을 수 있는 곳이 아니다. 치열한 경쟁을 강요하는데다가 온갖 협잡과 모순이 도사리고 있는 비정한 곳이다. 그러니 더 확실하고 철저하게 정보를 입수하고 준비해야 한다. 또한 처음부터 자신의 힘에 부치는 일을 하지 말고 작은 것부터 하나하나 쌓아 올라가도록 해야 한다. 중소기업이면 어떻고, 컴퓨터 한 대를 갖고 방을 사무실 삼아 사업을 하면 또 어떤가. 낮은 곳에서 시작하더라도 시행착오를 겪다 보면 소중한 것을 깨닫게 되고, 좋은 기회를 얻을 수 있을 것이다. 게다가 청년이 5년 동안 떠돈 시간은 결코 낭비가 아니다. 많은 것을 봤고 중요한 교훈도 얻었다. 좌절하지 말고 멀리 바라보면서 새로운 것에 도전하려는 마음가짐이 중요하다.

누구에게나, 지나간 시절은 다시 돌아오지 않는다. 그래서 스무 살에는, 또 서른 살에는 그때 해야 할 것을 해야 한다고들 말한다. 그렇지만 한 시기에 너무 집착할 필요가 없는 것이 인생이다. 인생은 무슨 결과를 성취하는 것이 아니라, 매 순간 살아가면서 의미를 발견하는 과정 자체가 중요한 것이다. 그래서 어느 한 시기에 실패하고, 또 동료보나 뒤처진다고 느껴지더라도 그것이 완전한 실패이거나 낙오는 아니다. 각자의 길에서 최선을 다하는 과정에서 관계를 이루고 의미를 얻는 것이 인생이니 말이다. 인생에서 중요한 것은 무슨 화려한 인기나 엄청난 권력과 부를 갖는 것이 아니다. 그런 것을 가지고 있으면서도 의미 있는 삶을 꾸리지 못하는 사람도 많다. 그래서 인생이란 모든 것에 정성을 들여 난관을 뚫고 싸워가는 것이며, 어떤 어려움에도 참고 인내하는 것이다.

그렇다면 누가 인생에 대해 이러한 이야기를 해주고 조언을 줄 것인가. 어느 시대 어느 나라든, 같은 또래의 친구들과 진지하게 이야기하는 문화를 찾기는 어렵다. 20대에 사귀는 친구란 게임방, 당구장, 호프집 등에 함께 가는 동료일 따름이다. 이런 문제에 대해 체계적으로 상담해주는 좋은 선배도 흔치 않거니와 그들에게 상담받은 내용을 인생의 철학으로 받아들이기도 쉽지 않다. 가정에는 부모가 있고, 학교에는 선생이 있다. 그러나 우리는 부모와 자식 간에 대화가 단절되고 소통이 막힌 사회에 살고 있다. 학교 선생은 화석화된 지식을 전달해주는 공급자 혹은 중개자로 전락한 지 오래되었다. 인생의 중요한 철학을 가르쳐주고, 또 그 가르침에 대해 진중하게 받아들일 수 있는 존재가 바로 스승이다. 삶에서 중요한 것이 무엇이고, 그것을 생활 속에서 실천하면서 무슨 의미를 획득할 것인가를 진지하게 이야기하기 위해, 우리는 스승이 필요하다.

스승이라고 하면 우선 종교지도자, 학문적 선구, 의술의 전수자, 무술사범 등을 떠올리게 된다. 이들은 분명 해당 분야에 있는 사람들에게 매우 중요한 스승임에 틀림없다. 그러나 스승이란 이러한 특별 영역에만 있는 것이 아니다. 정치를 하거나, 기업을 경영할 때는 물론 식당을 운영하거나, 부동산업자가 되거나, 길거리에서 호떡장사를 할 때에도 그 분야에서 전문적인 지식과 철학을 가진 스승의 가르침이 있어야 성공할 수 있다. 정치가를 지망하는 사람은 대통령을, 법관을 희망하는 사람은 대법원장을, 기업가가 되고자 하는 사람은 이름난 대기업가를 스승으로 삼을 수 있다. 그러나 대통령·대법원장·대기업가도 자신에게 길을 가르쳐주고 지혜를 전해줄 스승이 필요하다. 가령 대통령이란 정치엘리트에게 영향력을 행사하고 국민의 지지를 받는다고 해서 다가 아니다. 국가구성원의 삶에 중대한 결정을 내림으로써 한 시대의 진행방향을 설정할 수 있는 대통령은 현실을 판단하고 미래를 통찰할 능력을 갖춰야 한다. 그러나 더 중요한 것은 그에게 인간에 대한 애정과 인간실존에 대한 깨달음이 있느냐에 있다. 그 깨달음이 도(道)라면, 이를 가르쳐주고 인도해줄 스승이 필요하다.

한국은 지금 스승이 없는 나라이다. 그래서 철학이 부재하고, 존경심이 사라졌고, 진지함이 엷어졌다. 기꺼이 무릎을 꿇고 경외하며, 가르침을 받고자 할 만한 스승이 없다. 그래서인지 존경하는 정치 지도자, 인간적 기업가, 인술을 베푸는 의사, 지혜를 가르쳐주는 선생이 드문 세상이다. 오로지 권력을 행사하는 정치가, 돈을 버는 기업가, 약을 주는 의사, 화석화된 지식을 전달하는 선생만이 난무한다.

스승이 없다고 하면 우리는 지혜롭고 존경받는 어른이 없음을 떠올리게 된다. 그러나 사실은 그 반대이다. 우리에게 인생의 지혜를 가르쳐주고 삶의 길을 인도해줄 스승이 없다는 것은 제자가 없다는 말이기도 하다. 스승이 없는 이 나라에는 뛰어난 사람을 어른으로 모시고, 그들의 소리에 귀를 기울이며, 그들의 이야기를 삶의 지침으로 삼을 줄 아는 사람이 없다. 스승이 부재한 나라의 사람들은 오늘도 먹고, 마시고, 배설하고, 잠자는 일상을 의미 없이 반복한다. 그저 돈을 벌고자 발버둥치고, 명성을 얻기 위해 위선을 행하며, 권력을 잡으려 중상을 일삼는다. 스승이 없는 나라에서 서로 얼굴을 붉히고 다투는 모습은 우리 안의 쥐들이 먹잇감 하나를 두고 싸우는 것과 닮았다.

20대의 나는 자신이 매우 똑똑하다고 생각했다. 그러나 10년이 지나 30대가 되었을 때, 20대의 내가 얼마나 부족한가를 알게 되었다. 그러면서도 여전히 남들보다 똑똑하다고 생각했다. 그러나 또 10년이 지나 40대가 되었을 때, 30대의 내가 얼마나 부족한가를 깨닫는다. 그러면서 40대의 지금은 더 많은 것을 알고 있다고 생각한다. 아마 50대가 되면 지금의 내가 얼마나 부족했는지 또 깨달을 것이다.

그러나 40대인 지금의 나는 적어도 인생에서 스승이 필요하다는 사실만은 절실히 깨닫는다. 그것은 바로 유아기, 아동기, 청소년기, 청년기, 장년기, 노년기 등 6단계로 나눌 수 있는 일생주기에서 장년기에 와서 가지게 되는 삶의 전형과 밀접한 관련이 있다. 인생의 후반기인 장년은 전반기와는 다른 세 가지 특징이 있다. 첫째, 공간에서 시간으로의 이동이다. 과거에는 어떤 공간에서 누구와 함께 있느냐가 중요했다. 그래서 친구가 중요하고 애인이 필요했다. 친구나 애인과 함께 있다는 사실만으로도 즐거웠다. 따라서 우정과 사랑에서 관계가 무너지고 사람이 떠나가면 즐거웠던 만큼 절망했다. 이제는 시간이 중요하다. 어떤 공간에 누구와 함께 있느냐가 아니라, 지금 무엇을 하고 어떤 의미를 갖는지가 소중하다. 자신만의 고유한 삶의 이정표를 설정하고 홀로 도야(陶冶)의 시간을 갖는 것도 중요해졌다. 둘째, 물질에서 정신으로의 변화다. 과거에는 육체적 탐닉, 돈과 권력, 인기와 명성을 중시했다. 그래서 그것을 성취하기 위해 도전했고, 그것을 성취하지 못하면 실패로 단정했다. 그러나 인간은 육체와 자아를 초월한 존재임을 이제야 깨닫는다. 생물학적 인간에서 존재론적 인간으로 나아가는 것이다. 진리와 영성에 대한 깨달음, 타자와의 소통, 자연에 대한 새로운 시각, 내세에 대한 직관을 갖게 된다. 그야말로 자기 기만의 가면(persona)을 벗어던지고 우주적 존재로서의 자기를 열어가게 되는 것이다. 셋째, 결과보다 과정의 소중함을 느낀다. 과거에는 어떤 것에 도전해 결과를 얻었을 때 성취감을 느꼈기에, 그것을 얻기 위한 과정은 지루하고 고통스러워도 마땅히 참아야 하는 시간이었다. 그러나 이제 목표를 향해 나아가는 삶의 과정 자체가 의미를 가진다. 열정적 삶도 과정에 의미를 둘 때에야 가능하다. 사랑이 소유가 아니라 관계로, 만남이 이익의 획득이 아니라 베푸는 것으로 전환되는 것도 장년이 되어서야 가능하다.

장년은 한마디로 도를 깨닫는 시기다. 부족한 자신이 배울 것이 너무 많으며, 만물이 각자 고유한 의미를 가지고 있다는 것을 알게 된다. 아주 사소한 사건에서도 깨달음을 얻는다. 길거리에서 콩나물을 다듬어 파는 이의 정성어린 삶의 모습에 감동한다. 어린아이가 끝없이 보채고 지치게 해도, 화가 나는 대신 유쾌하게 대할 수 있을 만큼 관대해진다. 노모(老母)를 모시더라도 긴장을 유발하고 정성을 들일 수 있는 존재가 가까이 있음을 감사하게 여긴다. 과정으로서 실존을 깨달아가는 것이 삶임을 알게 되면서 무엇보다 간절하게 희구하는 것이 스승이다. 질문을 던지면 답변해줄 이 말이다. 그러면서 내게 스승이 있는가, 나의 스승은 누구인가, 나는 그로부터 무엇을 듣고 있는가를 생각한다. 스승을 생각하고 간절히 소망하는 마음은 장년이 지나 노년이 되고, 죽음을 앞두고서도 사라지지 않을 것이다. 그러므로 우리 모두에게 스승이 있는 나라를 하루빨리 만들어야 한다. 정신의 최고점에 있는 인간에게 무릎을 꿇고 존경을 표하며 기꺼이 그의 말을 경청할 만한 존재가 있다는 것이야말로 문명의 핵심이 아니겠는가.

여 성 을 활 용 하 는 시 대

몇 년 전 조카가 횡단보도를 건너던 사람을 치는 교통사고를 냈다. 세 사람이 다쳤다. 20대 젊은이 두 사람은 몇 주 진단이 나왔고, 40대의 장년 한 사람은 몇 개월 동안 입원 치료를 받아야 할 큰 사고였다. 조카는 구속될 위기에 처했다. 누구나 그러하듯이 집행유예를 받기 위해 사고를 당한 사람과 합의하는 것이 급선무인 상황이었다. 이제 막 대학을 졸업해 겨우 직장을 얻은 자식이 모든 것을 잃게 생겼으니 형님과 형수님은 안달이 났다. 형님은 바쁜 와중에도 사고피해자가 입원한 병원에 찾아가 고개 숙여 사죄하는 한편, 온갖 논리를 동원해 설득했다. 그러나 파란불이 켜진 횡단보도를 건너는데, 난데없이 차가 덮쳤으니 다친 사람의 입장에서 용서될 리가 만무했다. 형님은 조카의 교통사고에 대해 조사와 재판이 진행되는 동안 사고를 당한 사람들과 합의하려고 한 달 반 동안 병원을 드나들었고, 마침내 그나마 적게 다친 젊은이 두 사람과 합의할 수 있었다. 하지만 40대 장년과는 그러지 못했다. 40대 가장이란 것이 한국사회에서 얼마나 중요한가. 아무리 치료비를 받고 위자료를 받는다지만, 교통사고 후 평생 남게 되는 후유증과 몇 달 동안 직장에 나가지 못하는 물질적·정신적 손실이 엄청났으니 쉽게 합의하지 않을 만도 했다. 자식 때문에 이미 큰돈을 쓴데다가, 합의를 얻어내려고 당사자의 비위를 맞추려니 형님의 체면 손상도 이만저만이 아니었다. 남들보다 많이 배웠다고 어깨에 힘주며 살아왔던 그로서는 참을 만큼 참은 셈이다. 그러나 하나밖에 없는 아들이 젊은 나이에 어렵게 얻은 직장을 잃고, 게다가 구속되어 주민등록에 빨간 줄까지 그어질 지경이 되었으니 그야말로 화가 치밀어 밤잠이 오지 않았다. 두 달간 끌어온 조사와 재판은 이제 종점에 왔고, 지칠 대로 지쳐버린 형님은 체념했다. 그때 형수님이 나섰다. 평소 제대로 배우지 못했다고 구박받았던 형수님이 나서자, 형님은 "명료한 논리로도 상대방을 어찌할 수 없었는데 당신이 어떻게 하겠다는 것이냐?"라며 비아냥거리기까지 했다.

그런데 이상한 일이 일어났다. 딱 이틀간 병원을 찾아간 형수님이 합의를 받아낸 것이다. 형님은 반갑기도 했지만 내심 크게 놀랐다. 도대체 어떤 일이 일어났을까. 병원을 방문하던 첫째 날, 형수님은 들고 간 초밥을 환자에게 건네고는 가늘게 피어나는 미소를 얼굴에 머금고 상대방의 이야기를 적극적으로 들어주었다. 둘째 날에는 꽃 한 다발을 화병에 꽂아준 뒤 상냥한 목소리로 어려움에 처한 젊은이의 상황과 그가 가진 꿈과 희망을 이야기했다. 그뿐이었다. 말을 많이 한 것도 아니고, 논리정연하게 상대방을 설득하려 시도하지도 않았다. 그런데 전혀 마음을 열지 않고 완강히 버티던 40대 장년은 순순히 합의해줬다. 나그네의 외투를 벗기는 것은 강한 겨울바람이 아니라, 따스한 봄날의 부드러운 햇볕이라는 오랜 교훈 그대로였다.

우리는 21세기에 살고 있다. 21세기는 지난 수백 년 동안 인간을 지배해온 이성이 그 확고한 지배력을 서서히 상실해가고 있는 시대이다. 근대합리성의 핵심을 이루는 이성은 사물과 현상을 치밀하게 계산하고 논리적으로 분석한다는 특성을 갖는다. 과학적인 개념 틀에 근거해 전체를 부분으로 나누고 각 부분의 성질을 밝혀낸 후 이것을 종합함으로써 전체를 파악한다. 이러한 분석과 종합과정을 통해 사물과 현상 배후의 질서를 밝혀내고 미래를 예측한다. '이론'이나 '일반화'과정은 바로 이러한 추상화를 거친다. 그러나 이성에 의한 일반화는 인간이 살아가는 복잡다단한 현실을 단순화해 미세한 세부를 사상(捨象)함으로써 역동적으로 살아 숨 쉬는 다양한 삶을 박제로 만든다. 이렇게 되면 인간의 감성은 함몰되고, 유머가 사라지며, 감동이 설 자리를 잃는다. 인간은 논리와 이성만으로 살아가는 존재가 아니다. 이성이 과학을 발전시키고 복잡한 사회를 체계적으로 조명하며 장대한 우주를 밝혀준 것은 사실이지만, 인간실존을 해명하거나 심원한 영성을 발현하게 해주지는 못한다. 게다가 현대인은 합리와 논리로 무장한 이성의 영악함과 삭막함에 지쳐 있다. 현대인이 원하는 것은 머리에서 나오는 명료함이 아니라, 오히려 가슴에서 우러나오는 감성과 공감이다.

여성이 남성보다 합리성이 뒤떨어진다고 말하는 것은 아니다. 생물학적으로도 남녀 간 지적 능력은 차이가 없고, 각종 자격시험이나 고시 합격자 비율에서 볼 수 있듯 이성적 능력을 남성이 전유하는 시대는 지나갔다. 그렇지만 여전히 여성이 남성보다 뛰어나고 예민한 감성을 지닌 것으로 보인다. 그러므로 21세기를 살아가는 우리의 삶이 더 조화로워지고 공감을 얻기 위해서는 여성이 지닌 감성을 발현시켜야 한다. 풍요로운 삶을 살기 위해서는 삶의 미시적인 부분에 관심을 쏟고, 주위 사람들과 친밀한 관계를 유지하며, 집단 내에서 열린 소통을 갖는 것이 중요하다. 상대방에 대한 깊은 관심, 사물 하나하나에 대한 애정, 타자에 대한 아낌없는 보살핌, 소통을 가능케 하는 조밀한 커뮤니케이션이 중요한 시대이다. 이러한 시대에 싸움을 일삼고, 완력으로 일을 해결하려 들며, 권력을 통해 상대를 굴복시키려는 행위는 사람들에게 지지받지도 못하고 사람들을 설득할 수도 없다. 여성이 가진 감수성을 최대한 이용해 이성과 감성이 조화되고 과학과 예술을 융합하는 것이 중요하다. 사회를 구성하는 부분이 어떻게 기능하며, 이를 어떻게 통합할 것인가에 초점을 두는 기능주의적 관점도 여전히 중요하다. 그러나 상호관계를 파악해 타자의 감정을 이해하고 마음의 공감을 이끌어내는 것의 중요성도 무시할 수 없다. 바야흐로 여성이 중요해지는 시대이다.

그런데 한국의 여성은 어떠한가. 현대적 감성과 근대적 과학과 전통적 문화가 뒤섞여 있는 한국에서 여성에 대한 편견은 아직도 야만적인 수준이다. 이는 2007년 후반기에 한국언론을 뜨겁게 달궜던 전 동국대 교수 신정아 씨의 학위조작 의혹과 미술감독 청탁 및 공금횡령 등에 대한 언론보도와 사람들의 시선에서도 잘 나타난다. 어째서 언론은 이 사건을 떠들썩하게 다루면서 피의자의 인권을 짓밟는 것일까. 이 사안에 대한 여론의 단죄는 지나친 면이 있다. 대학교수가 되는 데 박사학위가 그렇게 중요하지는 않다. 주로 남성으로 이뤄진 대학평가위원회가 지원자의 '능력'을 알아보고 교수로 채용했다면, 가짜학위가 밝혀졌더라도 교수자격 취소요건에 해당할 뿐 뉴스거리가 될 것도 없다. 그러므로 지원자의 능력이 아니라 예일 대학의 학위 때문에 교수자리를 준 것이라면, 평가 교수들이야말로 자신들의 무능력에 책임을 져야 한다. 게다가 학위를 속이거나 위조한 사람이 한두 사람도 아니다. 정치가들의 이름 뒤에 줄줄이 붙어 있는 무슨 대학의 수학(修學) 또는 이수(履修)는 거의 거짓에 가깝다. 학위조작 외에 권력층을 통한 청탁, 신용불량상태에서의 호화로운 생활, 무분별한 공금이용 및 횡령 등에 대해서는 비판받아 마땅하지만, 이조차 그녀 단독의 행위가 아니다. 공평하고 정직하게 일을 처리하지 못한 무수한 남성이 연루되어 있다. 모든 잘못이 그녀에게 있다는 태도는 옳지 못하다. 그리고 모 일간지의 누드사진 게재 파문에서 볼 수 있듯이, 사건을 가십으로 만들어 사람들의 말초신경을 자극하고, 한 사람의 인격을 잔인하게 파괴하는 행태는 마녀사냥에 가깝다. 이 모두가 사건대상이 여성이기에 일어나는 일이다. 설사 누드사진이 진짜라 하더라도 그것이 이 사건과 무슨 관계가 있는가(신문의 책임자는 문제 있는 여성은 곧 성을 판다는 전제를 가지고 있는 모양이다).

한국은 세계의 개명된 50여 개 국가에서 여성인권이나 남녀평등 부문에서는 최하위수준이다. 여전히 여성이 가정이나 직장에서 인권을 유린당하며, 정부고위직이나 선출직에서 여성이 차지하는 비율은 낮다. 모자가정에 대한 복지가 밑바닥을 헤매고 있고, 직장여성이 출산과 육아에서 겪어야 하는 고통과 불이익은 원시적인 수준이다. 그나마 최근에 여성에 대한 성폭력과 가정폭력을 방지하는 법률이 만들어지고, 장관·국회의원·지방자치의원·시장 등 고위직 및 선출직에 여성 진출이 다소 활발해진 것은 그간 여성운동에 의해 시민사회에서 담론이 일어나고 입법청원이 받아들여진 결과이다. 현대사회에서 여성을 무시하고 여성의 능력을 포기해서는 발전을 이룰 수 없다. 한국이 경제적으로 경쟁력을 확보하고 뛰어난 문화를 성취하려면 인구의 절반을 차지하는 여성의 정열과 능력을 십분 발휘하는 사회로 바뀌어야 한다. 여성이 본능적으로 지닌 느낌·이미지·감성·직관 등을 잘 활용해야 한다는 것이다. 교육을 받은 많은 여성이 가진 이성

적 능력과 여성 특유의 감성을 활용해 창조적인 문화를 이룰 때, 우리
가 원하는 물질적 풍요와 정신적 발전을 이룰 수 있다. 그래서 가정에
서의 자녀교육, 직장에서의 업무, 각종 국가적인 대사(大事)에서 여성
이 활약해야 한다. 한국과 북한의 협상이나 동북아 외교담당자는 물
론, 국회의장과 대법원장, 대통령을 언제까지 남성이 차지해야 한단
말인가. 여성을 새롭게 인식하고 그 능력을 '제대로 이용하는' 나라가
되어야 한다. 그러나 대통령선거 기간에 후보자들이 이러한 내용을
주요의제 중 하나로 다뤘다면 여성 표의 상당수를 얻을 수 있었을 텐
데도 그러지 않은 것을 보면 여전히 시기상조인 모양이다.

우리가 원하는 풍요롭고 아름다운 사회는 여성이 능력을 계발하고,
임신 · 출산 · 보육이 수월하며, 취직과 승진에서 차별받지 않는 사회
이다. 이를 위한 담론이 확대되어, 다양한 정책이 시민운동의 힘을 토
대로 실행되어야 한다. 여성은 인간이 받은 최고의 선물인 영성(靈性)
을 구체적으로 발현하는 사랑과 자비의 모태이다. 자신을 초월해 세
계에 대해 선(善)을 행하려는 보편적인 인간현상인 사랑 또는 자비는
완전한 인간의 구체적 표현이다. 이러한 사랑과 자비는 기본적으로
여성성(女性性)에서 유래한다. 어머니로서의 여성은 아이에게 조건
없이 모든 것을 준다. 에리히 프롬(Erich Fromm)의 지적처럼 어머니는
아이가 성장해 결국 자신을 떠날 것을 알면서도 대가를 바라지 않고
보살핀다. 어머니와 아기 사이의 유대는 가장 기본적인 자연적 유대
이자 절대적 사랑이다. 누구든지 어렸을 때 어머니에게 받았던 사랑

을 영원히 갈망한다. 우리 모두가 원하는, 서로 사랑하고 자비를 베푸는 삶을 영위하려면 여성의 가치를 받아들이고 이를 적극적으로 활용하는 사회가 되어야 한다.

더 불 어 살 아 가 는 혼 혈 아

오래전 미국에서 유학할 때의 일이다. 그때 나는 미국교수들을 보며 크게 세 가지 인상을 받았다. 첫째, 교수가 담배 피우는 것을 거의 보지 못했다. 미국에서는 지식인이나 상류층이 거의 담배를 피우지 않는다. (KT&G 직원의 해고가 걱정되긴 하지만) 우리도 국민건강을 위해 금연바람이 거세게 불었으면 한다. 둘째, 교수가 넥타이를 매는 것을 보기가 쉽지 않았다. 가끔 교수가 양복에 넥타이라도 매고 오면 학생들이 무슨 데이트라도 있냐고 물어볼 정도였다. 근엄하게 보여 권위를 차리기 위해서인지 모르지만, 교수 대부분이 넥타이를 매고 다니는 한국의 상황과 크게 달랐다. 셋째, 장애인이 강의실에 늘어오면 교수가 강의를 멈추고 자리를 안내했다. 장애인이 학교에서 따돌림당하고 대학 강의실에 휠체어가 들어가지 못해 휴학해야만 하는 한국 실정에 시사하는 바가 크다.

미국 대학의 교수들은 이외에도 여러 가지 특징이 있었는데, 그중 하나는 칭찬에 인색하지 않다는 점이다. 아니, 인색하지 않은 정도가 아니라 과할 정도로 학생을 칭찬한다. 칭찬거리가 조금만 있어도 때를 놓치지 않고 학생들을 격려한다. 특히, 독창적인 아이디어나 내용을 발표할 때는 감탄사를 연발하면서 듣는 사람이 날아갈 기분이 들 정도로 칭찬한다. 특이한 것은 칭찬에도 차별이 있다는 점이다. 어학 공부를 제대로 하지 못한 채 대학원에 입학한 나는 시험을 치고 나서 돌려받은 답안지에서, 교수의 상세한 지적 ― 이조차 한국에서는 경험해보지 못했다 ― 과 함께 칭찬의 글을 읽을 수 있었다. 이는 여러 자료를 읽고 자신의 글로 써야 하기 때문에 시험보다 어려운 리포트에서도 마찬가지였다. 교수는 문장표절을 구체적으로 적시하면서도 독창적인 아이디어에 대해 칭찬을 아끼지 않았다. 그리고 대부분의 한국학생들처럼, 영어로 읽고 쓰는 것은 곧잘 했지만 듣고 말하는 데 미숙했던 내가 발표할 때면 생각을 말로 채 표현하지도 못했을 뿐 아니라, 다른 학생이 던지는 질문을 제대로 이해하지도 못하는 경우가 허다했는데도 교수는 칭찬하느라 바빴다.

급기야 교수를 만나 제대로 발표하지도 못했는데, 어째서 점수를 높게 주느냐고 물었다. 돌아오는 답이 특이했다. 미국인의 입장에서 볼 때는 내가 소수민족이고 영어를 모국어로 하지 않는 외국학생이기 때문에 5~10% 정도 점수를 높게 책정한다는 것이었다. 즉, 사회적 약자이거나 불리한 입장에 있기 때문에 그에 따라 차별적으로 평가한다는 것이다. 그 당시 학생운동을 하다 유학을 간 나로서는 실제로 그 원칙이 현장에서 적용되고, 더구나 내가 그 대상이 되었다는 데 큰 감명을 받았다. 아, 미국이 이런 나라이구나. 그랬다. 미국은 치열한 경쟁을 유도하는 개인주의와 자본주의가 만연한 곳이면서도 이런 사소한 (하지만 중요한) 문제를 합리적으로 고려해 그에 대한 사회적 합의와 구체적인 정책까지 마련하고 있었다. 가장 대표적인 것이 바로 흑인을 비롯한 소수민족을 우대하는 정책(Affirmative Action)이다.

그런데 우리는 어떠한가. 개인주의보다 공동체주의가 발달했다고 하는 우리나라에서 사회적 약자나 소수민족에 대한 배려는 어느 정도이며, 과연 어떤 정책적 안전장치를 가지고 있는가. 장애인학교가 동네에 들어올라치면 부끄러움 없이 떼거리로 몰려나가 시위하고, 부랑자라는 이유만으로 삼청교육대로 끌고 가 인간이라면 할 수 없을 정도로 학대했다. 힘없는 농민과 노동자의 아들을 북에 간첩으로 보내기 위해 훈련시키고는 이들을 죄인으로 취급했고, 에이즈환자의 인권은 무시한 채 그들을 단속하기에만 급급한 행정을 펴는 나라가 아닌가. 어디 그뿐인가. 전 세계에 퍼져 있을 정도로 강한 문화적응력을 지닌 화교조차 한국을 가장 살아가기 힘든 곳으로 꼽을 정도로, 우리는 소수민속을 차별했다. 이주노동자에 대한 인권유린은 차마 입에

담을 수 없을 정도이다. 공장에서 욕설을 퍼붓고 구타하는 것은 다반사이고, 산업재해를 당해 제대로 치료받지 못하거나 성폭행을 당하고, 심지어 많지 않은 월급조차 떼이는 일이 빈번하다. 이자를 불려주겠다고 월급으로 준 돈을 도로 받아 그것조차 삼켜버리는 파렴치한 일까지 발생하는 형국이다. 그래서 어느 네팔여성은 가난한 가족을 먹여 살리겠다는 희망을 안고 한국에 왔다가 정신병자로 취급받아 5년 동안 정신병원에 갇혀 있어야 했고, 공장에서 일하던 필리핀청년은 기계에 손가락이 모조리 잘려나가는 사고를 당하고는 오히려 공장에서 쫓겨나 불구의 몸으로 귀국해야 했다. 여전히 상황은 심각하지만 오늘날 이런 문제가 조금이라도 완화된 것은 이 땅의 정치가들이 선견지명을 갖고 이에 대해 정책을 만들고, 관료들이 적극적으로 행정지도를 하고, 언론이 이 문제를 공론화시켜서가 아니라, 이주노동자 스스로가 자신의 생존과 권익을 위해 나섰고 시민단체나 종교단체들이 현장에서 직접 문제를 해결하며 시민운동을 전개한 결과이다.

조정래의 『아리랑』에는 20세기 초 일본이 한국을 식민지로 삼기 위해 밀고 들어올 때 한국사람들이 하와이에 이주노동자로 가서 일하는 장면이 나온다. 그곳에서 한국인들은 뙤약볕 내리쬐는 '애니깽' 농장에서 마치 동물처럼 취급받으며 일했다. 낮은 임금, 더러운 숙소, 장시간노동, 가차 없는 구타와 위협 등을 견디며 살아야만 했다. 먼저 하와이에 도착했다는 이유만으로 토착인과 백인이 한국인에게 가했던 비인간적인 행위를 100년이 지난 지금, 우리가 한국에 와 있는 아

시아 각국의 이주노동자에게 똑같이 자행하고 있으니, 한국은 역사의
식도 부족하고 제대로 개명되지 않은 국가인지도 모르겠다. 우리가
서구근대성의 편협함과 폭력성을 비판하면서 21세기 세계를 이끌어
갈 사상과 문화의 자양분을 조금이라도 보유하고 있다면, 아니 동방
예의지국이라는 말이 부끄럽지 않게 조금이라도 체면을 차린다면, 이
주노동자에게 이렇게 할 수는 없는 노릇이다. 그들도 우리와 똑같은
눈으로 세상을 바라보며 살아가는 인간이다. 게다가 이제 그들은 한
국경제의 기초를 떠받치는 핵심노동력이기도 하다. 그들이 없으면 공
장에 있는 기계들이 멈춰서고 경제가 곤두박질치게 되어버린 현실 속
에서 그들에 대한 올바른 시각을 가지고 함께 살아갈 때에만 진정성
에 기반을 둔 풍요로운 삶을 누릴 수 있을 것이다.

한국도 이미 100만 명의 외국인이 거주하는 나라가 되었다. 그뿐만
아니라 '코시안'이라는 신조어가 생길 정도로 많은 혼혈아가 있다. 혼
혈아문제는 이주노동자문제와는 또 성격을 달리한다. 이주노동자는
외국에서 성장해 한국으로 돈을 벌기 위해서 온 사람들이다. 따라서
그들은 언어·종교·문화가 다른 환경에서 자랐기 때문에, 다양한 형
태의 문화충돌이 일어날 수 있다. 하지만 혼혈아는 대부분 한국에서
태어나 자란 사람들이다. 특히, 한국남성과 동남아시아 출신 여성과
의 사이에서 태어난 아이들이 대부분이다. 지방학교에서는 이러한 아
이들이 한 반 학생의 절반이 넘는 곳도 있다고 한다. 이들이 한국인에
비해 얼굴색이 약간 검다고는 하지만, 그 차이는 한국인 중에서 볼 수

있는 얼굴색 차이에 비해 대수로울 정도는 아니다. 똑같은 언어와 문화 속에서 살면서 똑같은 눈을 가지고 세상을 바라본다. 그런 아이들이 혼혈아라는 이유로 놀림을 당하고 차별받는다고 한다.

서구인들은 자신이 세계역사의 중심이라고 생각하면서 문화적으로 탁월할 뿐만 아니라, 두뇌도 뛰어나다고 생각했다. 그래서 우생학에 기초해 아프리카 출신 흑인이 생물학적으로 열등하다고 간주하고 차별했다. 미국 근본주의자의 인종차별이나 독일 나치의 유대인학살도 이러한 근거에서 출발한 것이다. 그러나 흑인과 백인 사이 유전자의 차이는 거의 없다. 게다가 인류학적으로 볼 때 백인은 흑인의 후손들이다. 인류의 조상은 최초에 아프리카에서 시작했다. 이후 일부는 아프리카에 남아 그대로 살았고, 다른 일부는 그 곳을 떠나 다른 대륙으로 이주해 살아온 차이가 있을 뿐이다. 그래서 오랜 기간을 거치면서 기후의 영향을 받고 거기에 적응하다 보니까, 아프리카 주민은 검어지고 백인은 희어진 것뿐이다. 극단적인 예를 들어, 지구온난화로 지구가 뜨거워져 전부 아프리카와 같이 더워질 경우, 오랜 시간이 지나면 지구상에는 흑인밖에 존재하지 않게 된다. 그러므로 우리는 얼굴색을 가지고 사람을 차별하는 자기모순에 빠져서는 안 된다.

원래 인간이란 항상 이동하면서 만나게 되어 있고, 국경과 문화를 넘어 사랑하다 보면 인종적으로 섞이게 마련이다. 다인종·다문화는 특이한 것이 아니라 오히려 보편적인 현상이다. 인종학적으로 흑인, 몽골인(Mongolian, 황인종), 코카서스인(Caucasian, 백인종) 외에 여러 중간 범주의 인종이 많은 것도 이러한 섞임 때문이다. 따지고 보면 한국에서 터부로 여기는 단일 한민족(韓民族)이란 말 자체도 성립되기 어렵다. 옛날부터 중국의 무수한 침략을 받았고, 여러 차례 점령당하기도 했다. 게다가 전란을 피한다는 등의 이유로 중국에서 한반도로 넘어온 사람도 많다. 우리나라에서 상대적으로 드문 성(姓)을 가진 사람이 있는데, 이들 대부분이 중국에서 넘어온 이주인 조상의 후예들이라고 할 수 있다. 따라서 혼혈이란 어떤 점에서도 편견이나 차별의 근거가 되지 않는다. 젊거나 늙거나, 키가 크거나 작거나, 몸이 뚱뚱하거나 홀쭉하다고 해서 우리가 편견을 갖고 차별할 수 없는 것과 마찬가지로, 부모의 한쪽이 다른 나라 출신이고 얼굴색이 약간 다르다고 해서 배척해서는 안 된다.

언어·문화·종교·피부색에 근거해 정체성을 형성하고 그에 따라 어떤 자부심을 가질 수 있을지 모른다. 그러나 타자에 대해서 편견과 멸시로 일관하는 편협함으로는 발전을 기대하기 어렵다. 서구정신의 나르시시즘(narcissism)이 바로 여기에 해당한다. 서구인은 자신을 세계의 중심이라고 생각하고 문명과 야만, 발전과 저발전의 이분법적 구도에 비춰 다른 지역과 민족을 깔보고 식민제국 건설을 정당화했다. 그들을 개명시키고 발전시킨다는 명목으로 무력침략을 일삼고 학살하는 것은 심지어 아직까지도 자행되고 있다. 철학자 김상봉 교수의 지적처럼, 이러한 서구문명은 자기 스스로 규정한 아름다움에 취해 단 한 번도 자신을 버리고 타자를 인정하지 않았다. 하지만 달리 생각해보면 서구문명 또한 지역문명에 지나지 않는다. 개방적인 태도를 지니지 않고 이질적인 타자의 존재를 받아들이지 않는 것은 자신의 불완전하고 미숙한 모습을 드러내는 것이다. 따라서 똑같은 언어와 문화 속에서 사는데도 편견과 차별이 일어난다면, 그것은 얼굴색이 다른 사람의 문제가 아니라, 왜곡된 눈으로 타자를 바라보는 사람의 인격문제이다. 즉, 도(道)가 제대로 서지 못한 것이다.

한국에서 혼혈아의 문제가 부각된 지 그리 오래되지 않았다. 더구나 최근 이 문제가 사회의제가 되어 많은 사람들이 관심을 갖게 된 것은 부끄럽게도 우리 자신의 면밀한 관찰과 자기성찰에 의한 것이 아니다. 바로 미국 풋볼스타인 하인스 워드(Hines Ward)를 통해서이다. 그는 미국인 아버지와 한국인 어머니 사이에 태어난 혼혈아이다. 언제나 혼혈아의 상황에 대해 문제의식을 품었던 그는 이에 대한 담론을 구성하고 갖가지 대안을 내놓았다. 어머니의 나라를 방문해서는 혼혈아의 실상을 알아보고, 그들을 위한 재단을 만들었으며, 미국에 그들을 초청하기도 했다. 세계 수준에 있다고 하는 한국시민운동이 이런 생활정치 의제를 부각시켜 공론화하지 못한 것은 반성해야 할 점이다. 이제 광범위하고 끈질긴 시민운동과 구체적인 정부정책을 통해 혼혈아를 비롯한 소수자에 대한 올바른 시각을 정립하고 지원책을 마련해야 한다. 그것은 우리와 함께 살아가는 소수자에 대한 배려이기도 하지만, 우리 스스로의 정신을 풍요롭게 하는 것이다.

모 두 의 친 구 가 되 는 노 인

　서울의 종로 2가 파고다공원 옆에 있는 종묘광장 앞을 지나다닐 때
면 언제나 서글픔이 가슴을 짓누른다. 종묘광장은 원래 파고다공원
옆에 있는 공터에 불과했는데, 몇 년 전 나무를 심고 의자를 놓아 공
원으로 만든 것이다. 도심 속 휴식공간이라고는 하지만, 그 풍경은
'노인들의 집합소'라는 것이 더 적합하다. 종묘광장은 현대자본주의
사회의 병폐를 고스란히 드러낸다. 우선 공원은 노인들로 가득 차 있
다. 도시에서 노인들이 휴식을 취할 장소가 없거니와 즐길 수 있는 놀
이도 매우 제한되어 있다. 따라서 갈 곳을 잃은 노인들이 여기로 모여
드는 것이다. 옹기종기 모여서는 이야기를 나누거나 바둑·장기를 두

기도 하며, 때로 화투판을 벌여 도박하는 사람도 있다. 이 정도까지는 점잖은 축에 속한다(게다가 카드놀이든, 화투놀이든 적은 돈으로 즐기는 것이 반드시 나쁘다고 할 수는 없다). 그러나 공원 안으로 들어가면 술에 취해 비틀거리고, 정신을 잃은 채 드러누운 노인들도 곧잘 눈에 띈다. 노래기계를 가지고 온 장사꾼들이 장사하는 바람에 여기저기서 시끄럽게 노랫소리가 들리고 한편에서는 곡조에 맞춰 춤판이 벌어진다. 심지어는 여기에서 성(性)매매까지 이뤄지고 있다고 한다. 노래도 품위 있게 부르고 연애도 아름답게 할 수 있건만, 이곳의 노인들은 삶의 목표와 의미를 찾지 못한 채 감각과 자본의 노예가 되어 있는 것이다.

함께 그 앞을 지나가던 동료교수가 이런 말을 던졌다. "우리도 노인이 되면 저렇게 될까요?" 종묘광장의 모습들이 서글퍼 보이는 것은 이것이 지극히 한국적인 광경이자, 바로 우리들의 미래 모습이기 때문이다. 세상은 불공평하기에 강자도 있고 약자도 있다. 전통적으로 여성·장애인·소수민족 등을 사회적 약자로 여겨 이들에 대한 정책적인 배려를 강조해왔다. 이외에도 이주노동자·희귀병환자·에이즈환자·알코올중독자·북파공작원·실업자, 그리고 비정규직노동자도 사회적 약자의 범주에 넣는 데 큰 이견은 없다. 그런데 사회적 약자로서 노인에 대한 관심과 배려가 특히 중요한 것은 그들이 소수여서가 아니라 누구도 노인이 되는 것을 피할 수 없다는 데 있다. 즉, 노인의 삶은 바로 모두의 실존문제이다. 세계에서 노인인구가 가장 많은 일본은 2007년 현재 전체인구의 22%가 65세 이상의 노인이다.

한국도 노인인구가 10%에 달하고, 노령화의 속도는 이미 세계 최고 수준에 속한다고 한다. 2050년이 되면 노인이 전체인구의 30%에 달할 것으로 전망한다. 한국도 곧 초고령사회에 진입하게 된다.

인간은 태어나서 성장하고 늙어간다. 늙어가면서 심오한 깨달음을 얻고 삶이 아름다워진다고 노래하는 이도 있다. 내가 대학을 다닐 때, 한국의 대표적인 문학가인 황순원 교수는 강의실에서 "인간은 늙어가면서 정말 아름다워진다"라는 말을 자주 했다. 그러나 일반적으로 나이 들어간다는 것은 슬픈 일이다. 한때 영화 속에서 천사 같았던 여배우의 아름다움을 기억하는 팬들이 그녀의 늙은 모습에 충격을 받는 것도 그런 서글픔 때문일지도 모른다. 인간은 노화가 진행되면서 모든 신체기능이 떨어진다. 일례로 위의 소화력이 떨어지는데 튼튼한 이가 있을 수 없고, 이가 삭아서 떨어져나가는데 왕성한 위가 있을 수 없다. 누구나 따뜻하게 보호받고 건강하게 살다가 죽기를 원하지만, 노인은 경제력이 떨어져 대체로 빈곤 속에서 살게 되고, 각종 질병에 시달리며 육체적 고통을 겪는다. 그리고 어느 정도 건강한 이조차 치매나 중풍과 같은 질병을 두려워하며, 궁극적으로는 죽음에 대한 공포를 가지고 살아간다. 그러나 노인에게 있어서 이 모든 것보다도 더 고통스럽고 절망적인 것은 사람들에게 무시당하고 사회로부터 소외되는 것이다.

인간은 혼자 살아갈 수 없는 존재이기 때문에 가족을 형성하고 친구와 이웃을 만들어 어울려서 살아간다. 이처럼 인간은 다른 사람이 자기를 주목하고, 관심을 쏟아주는 것을 좋아한다. 그래서 미국의 심리학자 윌리엄 제임스(William James)는 사회에서 다른 구성원으로부터 무시당하는 것보다 더 잔인한 형벌은 없다고 했다. 그는 사람들로부터 무시당하고 소외당하는 것이 절망적인 무력감을 초래하기 때문에 인간은 오히려 잔인한 고문을 당하는 쪽을 선택한다고 주장하기도 했다. 영국의 윤리학자이자 경제학자였던 애덤 스미스(Adam Smith)가 사람들이 힘들게 노력해 부와 권력을 추구하는 것은 결코 생활필수품을 얻으려는 것이 아니라, 다른 이들로부터 인정받으려는 욕구 때문임을 갈파한 것도 이와 맥을 같이한다. 가난한 자가 배고픔의 고통을 겪는 것처럼, 사회로부터 무시당하고 외면당하는 것은 극한 외로움의 고통을 선사한다. 그래서 세상 사람들은 친구가 되어 서로를 알아주고, 포용해주고, 격려해주는 상대를 필요로 한다.

이처럼 인간은 모두 고독과 소외에서 벗어나려고 한다. 그런데도 고독과 소외는 여전히 우리 주위를 배회한다. 특히 고독과 소외는 노인들에게 닥친 처지를 설명하는 핵심어이기도 하다. 노인들은 친구를 찾아나서기도 하고 젊은 사람들과 함께 어울리려고 한다. 우리는 다음 두 가지 예에서 노인의 '함께하기' 심리를 이해할 수 있다. 첫 번째 사례는 회사직원들이 모처럼 회식을 하는 장면에서 시작한다. 1차로 함께 저녁식사를 하고 일부는 집으로 돌아간다. 젊은 사람들은 2차로 맥주를 마시러 가기로 했다. 젊은이들은 60세가 다 된 이사가 식사를 마치면 당연히 집에 갈 것으로 생각했지만, 이사는 젊은이들을 따라

온다. 그도 젊은이들과 함께 술 마시며 이야기하고 싶어한다. 두 번째 사례는 3대가 모여 사는 집에서 볼 수 있다. 일찍부터 할아버지는 따로 상을 받았다. 어느 날 할아버지는 며느리에게 독상을 차리지 말라고 했다. 며느리가 따로 밥상을 차리는 것이 귀찮고 힘들다는 이유였지만, 할아버지도 내심 다른 식구들과 함께 어울려 식사하고 싶었던 것이다.

한국에서는 친구라고 하면 같은 또래를 떠올린다. 그러나 서양에서는 친구가 되는 데 나이가 따로 없다. 할아버지와 청년도 서로를 친구로 대한다. 우리도 나이에 관계없이 친구가 되고, 함께 식사하고 술 마시고 이야기하며 어울리는 풍토를 만들어야 한다. 노인이 소외되지 않아야 한다. 당장 식사하는 자리부터 바꿔나가자. "밥 먹으면서 말을 많이 하면 복이 새어나간다"라는 속담이 있을 정도로 한국에서는 밥을 먹을 때 말하지 않는 것을 예절로 삼는다. 게다가 평균적으로 10분 내지 20분이면 식사를 마칠 정도로 짧은 식사시간에 대화할 여유를 찾기는 어렵다. 그러나 서양에서는 식사할 때 반드시 가족이 모여 함께 식사하고 또 천천히 먹는다. 그리고 식사하면서 온갖 이야기를 나눈다. 부모와 자식 간 대화도 주로 이때 많이 이뤄진다. 그처럼 우리도 식사시간에 노인에게 따로 밥상을 차리지 말고, 커다란 식탁에 둘러앉아 함께 이야기하며 식사하는 풍토를 만들어가야 한다.

노인인구가 급속하게 늘어날 뿐만 아니라, 우리 부모가 노인이고 우리도 곧 그렇게 되므로, 노인을 다른 종류의 사람으로 취급해 배제

해서는 안 된다. 우리 모두가 노인을 우리의 친구로 여겨 함께 이야기하고, 공부하고, 노는 것에 익숙해져야 한다. 아울러 노인들이 생계에 어려움이 없도록 복지제도를 구축하고, 다양한 일을 할 수 있도록 직업을 창출해야 한다. 사회적 경제의 제도화나 노인자원봉사의 활성화도 하나의 정책적 대안이 될 수 있다. 그리고 노인들이 여가를 즐길 만한 장소를 마련하고 그들을 위한 놀이거리도 적극적으로 개발할 필요가 있다. 특히 일과 취미가 결합하고 여전히 남아 있는 잠재력을 발휘할 수 있는 직업과 놀이를 고안할 필요가 있다. 또한 인생을 많이 산 노인들이 가진 지혜를 존중하고 그들로부터 배우려는 자세를 가져야 한다. 사실 노인들은 지성을 넘어서는 직관, 분석을 극복하는 종합, 계산을 초월한 경험을 풍부하게 보유하고 있다. 한국에는 노인을 공경하고 소중하게 대하는 좋은 전통이 있다. 이를 잘 계승해 체계적인 복지제도와 창조적인 문화와 접목한다면, 그야말로 세계에서도 독특하고 뛰어난 노인문화를 만들 수 있다. 그래서 은퇴한 이후에 남아 있는 삶이 단순히 시간을 때우거나 죽음을 기다리는 시간이 되지 않도록 해야 한다.

노인의 삶과 관련해 중요한 것은 노인의 실질적인 삶의 질을 증대하는 것이다. 노인들에게 관심을 쏟고 존경하는 풍습을 만들며 복지제도를 구축하는 것에서 끝나지 말고, 노인들의 삶이 의미를 가진 시간이 되게끔 하는 데까지 신경 써야 한다. 건강을 유지하고 소외되지 않는다고 해서, 단지 경로당을 오가며 소일하는 삶으로 귀결되어서는 안 된다. 경로당에서는 기껏해야 근거 없는 시국좌담을 하거나 TV를 보고, 장기나 화투놀음하는 것이 고작이다. 노인들도 실존에 대한 깊이 있는 공부와 토론에 참가함으로써 각자의 잠재력을 발휘해 우리 사회의 문명을 개선하는 데 주체적으로 참여할 기회를 줘야 한다. 미국의 사회학자인 폴 레이(Paul Ray)의 분석처럼 노인들이 진정한 문화 창조자가 될 수 있도록 해야 한다. 즉, 노인들도 타자를 위한 사회적 책임을 수행하고, 환경이나 문화와 같은 가치를 보존하는 데 참여하며, 영적 능력을 발휘하는 삶을 살 수 있도록 해야 한다. 이를 위해서는 국가정책수단 차원을 넘어서는 변화가 필요하다. 결국 젊은 사람들이 노인을 제외시키거나 퇴물 취급하는 인식을 바꾸고 노인 스스로 자신의 삶을 만들어가야 한다는 측면에서, 노인문제 또한 시민사회에서 시민운동의 하나로 전개되어야 한다.

몇 년 전 같은 건물에서 살았던 이웃 사람은 80세가 넘은 노모를 모시고 살았다. 할머니는 치매가 좀 있어서 정신이 오락가락했다. 남편은 직장에 나가고, 부인은 집안일을 하는 가정주부였다. 부인이 시장에 가거나 볼일을 보러 외출할 때는 시어머니를 그냥 두고 갈 수 없는 탓에 밖에서 문을 잠그고 나갔다. 외출하지 않을 때에도 할머니가 거실로 나와 이상한 행동을 하기 때문에 평소에도 밥만 넣어주고 방문을 잠그는 때가 많았다. 작은 방에 갇힌 할머니는 할 일이 없어서 온종일 카세트를 틀어놓고 노래를 듣거나 직접 노래를 부르기도 했다. 하루 이틀이 아니고 수년 동안 그렇게 해왔으니, 할머니의 노래실력과 레퍼토리는 보통이 아니었다. 그 할머니의 노랫소리가 내게는 너무나 안타깝고 구슬프게 들렸다. 비록 피부에 온통 주름살이 지고 거죽이 딱딱하게 굳어버린 육체를 가진 노인이라 하더라도 여전히 고도의 정신능력을 가진 인간이다. 더구나 노인은 문명발전의 원천인 지혜와 이를 구체적으로 발현시킬 영성을 풍부하게 지니고 있다. 그런 그들을 좁은 방안에 갇혀 살아가게 해서는 안 된다. 풍요로운 한국을 만들기 위해서는 노인들이 소외되지 않고 살아가도록 하는 것이 전제되어야 한다. 우리의 미래 모습인 노인들이 모두의 친구가 될 수 있도록 함께 연구하고 공동행동을 취하려는 노력이 필요하다.

튼튼한 사회보장 그물망

10여 년 전쯤에 대구의 한 시영아파트에 거주하는 할머니가 내게 불만을 털어놓았다. 지방정부에서 비용을 아낀다는 명목으로 2층에 엘리베이터가 서지 않게 하는 방침 때문이었다. 2층에 사는 할머니가 무거운 짐을 옮길 때마다 관리실로 찾아가 조정해야 하는 것도 문제였지만, 평소에 계단을 오르내리는 것 또한 너무 힘든 일이었다. 계단 한 층을 오르내리는 것이 70대 할머니에게는 큰 고통임을 그때 알았다. 할머니는 정부에서 영세민에게 주는 지원금이 너무 적다는 것에 대해서도 불만이었다. 정부가 영세민의 고통을 알고 가진 것 없는 사람이 제대로 살 수 있도록 해주지 않고 자꾸만 부자들에게 유리하도록 정치한다는 것이었다. 마침 선거철이어서, "그렇다면 민주노동당에 투표해야죠" 하고 말하니까, 할머니는 "걔네들은 빨갱이잖아!" 하고 답했다. "그렇다면 민주당에 표를 줘야 합니다"라고 했더니, 할머니는 "전라도 당이잖아!" 하고 답했다.

한국의 유권자는 계급의식을 가지고 투표에 임하지 않는다. 또한 이성에 근거해 정책을 보고 투표하는 사람도 많지 않다. 많은 사람들은 온갖 연고에 얽매이고 감언에 속아 감정적으로 투표한다. 이러니 선거에서 자신의 권리를 찾지도 못하고, 공익증진에 기여하지도 못한다. 그저 정치엘리트들이 권력을 획득하고 연장하기 위해 쏟아내는 설득과 협박에 이용당하고 말 뿐이다. 그 반면, 유권자가 계급의식을 가지고 투표하면 정치적 압력을 형성해 국가의 복지지출을 늘리는 데 기여할 수 있다. 또한 (논쟁의 여지는 있지만) 정당과 정책 스펙트럼이 다양해지도록 유도함으로써 정치를 풍성하게 만든다. 서구사회의 역사를 보면 복지국가의 발달은 투표권을 쟁취한 노동자들이 계급의식에 따라 선거에 참여해 진보정당이 영향력을 확대하거나 정권을 장악하게 된 것과 밀접한 관련이 있다. 그러나 한국의 유권자들은 이러한 정치의식을 가지고 있지 않기 때문에 각종 경제정책과 재분배정책이 점점 양극화를 지향하는 쪽으로 나아가고, 복지는 후진성을 벗어나지 못한 채 답보하고 있다.

1987년 이후 민주화 20년을 되돌아볼 때 노태우정부에 들어서면서 방향을 전환한 공공복지는 10년 전 김대중정부에 와서 크게 나아졌다. 미국에도 아직 정착되지 않은 건강 · 고용 · 국민연금 · 산업재해 등 4대 보험이 자리를 잡았고, 공적 부조에서도 어느 정도 기초가 만들어져 비록 겉보기로는 엉성하나마 사회안전망이 구축되어 있다. 그러나 속내를 들여다보면 한국의 공공복지는 참담한 수준에 있다. 장애인 · 노인 · 아동을 비롯해 노동능력이 없는 가족들이 정부지원금만으로는 헌법 제34조에서 말하는 '인간다운 생활'은 고사하고 기본적인 생계조차 유지하기 어렵다. 병이 났는데도 돈이 없으면 죽을 수밖에 없는 곳이 한국이다. 사정이 이러니 돈 없이 공공주택에서 살고, 등록금 없이 대학을 다니고, 부담 없이 재취업훈련을 받는 것은 상상조차 할 수 없다. 아이가 딸린 장애인 엄마는 정부지원금으로 살 수 없어 자살하고, 중병에 걸린 아들을 둔 아버지는 자식의 병원비 때문에 차라리 자식을 죽인다. 돈이 부족하고 보살펴주는 자가 없어서 돼지우리 같은 환경에서 살아가는 독거노인은 또 얼마인가. 늙은 부모가 중풍이나 치매에 걸렸지만 직장에 나가야 하는 가정에서 벌어지는 비인간적인 상황, 어린 자식이 줄줄이 있는데 엄마가 밤늦게까지 직장에 다녀야 하는 모자가족의 상황을 상상해보라. 이 땅의 정치가와 엘리트들은 어느 시대, 어느 나라 이야기이냐고 반문할지 모르지만, 엄연히 세계 12대 경제대국이요, 1인당 소득이 2만 달러라는 선진 한국에서 지금 이 순간 벌어지고 있는 비극이다(선진국을 가르는 기준은 여러 가지가 있지만, 국민소득 · 문맹률 · 건강지수 등 가장 대표적인 기준으로 볼 때 한국은 오래전에 그 기준을 통과했다).

한국의 빈약한 공공복지수준은 여러 통계에서 그대로 드러난다. 2005년을 전후로 해서 살펴보면 다음과 같다. 국내총생산(GDP)에서 정부지출이 차지하는 비율은 스웨덴(55%), 독일(42%), 미국(35%), 일본(30%), 한국(28%) 등에서 확인할 수 있듯이 한국은 정부의 크기나 역할이 작다. 국내총생산 대비 복지비 지출비율은 한 나라의 복지수준을 보여주는 지표인데, 스웨덴(35%), 독일(30%), 미국(22%), 일본(18%)에 크게 못 미치는 한국(10%)은 복지에 관한 한 후진국이다. 이 정도 수준은 1인당 소득이 1,000달러가 되지 않는 인도와 비슷할 것이다(영국 옥스퍼드 대학의 장하준 교수가 한국에서 노무현정부를 좌파정권이라고 지칭하는 것을 정작 유럽의 좌파가 들으면 깜짝 놀랄 것이라고 한 것도 이러한 수치에 근거한다). 세금(일반세)에서 사회보장 항목이 차지하는 비율은 정부예산 중 어느 정도가 복지에 투입되는지를 보여주는데, 스웨덴(47%), 독일(63%), 미국(50%), 일본(31%), 한국(3%) 등의 수치는 한국의 복지가 얼마나 빈약한지를 단적으로 보여준다. 사실 한국은 미국이나 일본과 비슷한 경제체제를 가지고 있지만, 수치에서 나타나는 복지수준 차이는 실제 생활현장에서 피부로 느낄 수 있을 정도로 크다.

고도의 이성을 가지고 완전한 자유를 지향하는 인간이 국가라는 멍에를 만든 데에는 이유가 있다. 그런데도 우리는 국가란 무엇이며, 도대체 그것이 왜 필요한지에 대해 질문하지 않는다. 그저 국가 속에 살면서 그 존재를 당연하게만 여긴다. 그러나 개인의 권리를 증진하고 인간다운 삶을 살기 위해서라도 국가란 무엇이고, 국가가 왜 필요한가에 대해 끊임없이 질문을 던져야 한다. 영국의 정치사상가 홉스(Thomas Hobbes)가 오래전에 지적한 바와 같이, 국가는 자연상태의 혼란과 불안 때문에 생겨난다. 따라서 자신의 안전을 위해 계약에 의해 국가가 탄생하게 된다는 것이 바로 근대정치사상의 핵심이다. 그런데 이러한 국가는 미국의 정치학자인 틸리(Charles Tilly)가 주장하는 바와 같이, 약탈국가에서 시작해 발전국가로, 그리고 다시 민주국가로 발전했다. 민주국가를 토대로 해 발달하는 복지국가란 모든 국민에게 최소한의 수입을 보장하고 각종 사회적 위험으로부터 국민의 삶을 지키기 위해 개입하는 국가형태를 말한다.

우리나라의 경우를 본다면 조선시대까지는 약탈국가의 성격이 강했고, 해방 이후 발전국가를 유지해오다 1987년 6월항쟁 이후 민주국가로 변신했다고 볼 수 있다. 그러나 서구사회에서 일반적으로 말하는 (사회복지비가 GDP의 20%를 넘는) 복지국가에는 근처에도 가지 못하고 있다. 서구사회에서 볼 때, 자본주의체제하에서 민주국가로 발전한 국가형태는 그 형식은 달리 하더라도 대부분 복지국가로 발전해갔다. 그리고 한국인 대부분은 지금보다 훨씬 높은 수준의 국가복지를 원한다. 이런 점에서 우리도 국민의 복지를 증진하는 방향으로 계속 나아가야 한다. 국민은 이 점을 이해하고 국가를 이끌어가는 통치자가 이를 분명하게 인식하게 만들어야 한다. 한 가지 예로, 남편이 죽거나 이혼한 뒤 2명의 어린 자녀와 사는 여성이 가장으로서 비전문적인 직장에 다닌다고 가정해보자. 그녀의 하루를 가만히 떠올려보노라면, 여성가장의 직업훈련, 취업알선, 소득보장제도가 미비한 것은 물론이거니와 직장을 다니더라도 보육시설, 중병에 걸렸을 때의 의료비, 일이 늦게 끝날 경우 자녀보호문제에 대해서도 거의 무방비상태임을 알 수 있다. 직장에서 늦게 귀가하는 엄마가 밖에서 문을 잠갔다가 화재가 나서 자식들이 모조리 죽은 소식을 알리는 신문기사는 바로 이러한 조건에서 일어난다(실제로 내가 사는 동네에 초등학교 1학년 아이 몇 명이 밤 8시가 지나도록 쌀쌀한 길거리에서 서성대기에 불러서 물어보니까, 직장에 다니는 엄마가 밖에서 놀다가 9시가 지나면 집에 오라고 했기 때문에 돌아다니는 것이라고 했다. 늦게 퇴근하는 엄마입장에서는 아이가 집에 혼자 있는 것보다 밖에서 다른 아이들과 어울리는 것이 더 안전하다고 보기 때문이다). 이러한 비극은 현대 복지국가의 관점에서는 국가가 자기 역할을 제대로 하지 않기 때문에 발생한다. 국가가 반드시 존재해야 하는 당위가 없는데도 존재한다면, 현재와 같은 국가형태가 이상적인 것도 아니라는 가정하에서 국가를 바라봐야 한다.

국가의 크기를 어느 정도로 하고, 그 역할을 어디까지로 설정할 것인지의 문제는 오랫동안 논쟁을 거쳐온 중요한 담론의 하나이다. 서구역사에서 본다면 대체로 1930년대 대공황 이전에는 자유주의가 대세였기 때문에 국가의 역할은 치안이나 국방 등으로 매우 제한되었다. 그러던 것이 대공황 이후 국가개입이 강조되면서 국가역할은 확대되기 시작했다. 그 이후 제2차 세계대전이 끝나고 서구사회에서는 복지국가가 황금기를 맞이하게 되면서 국가역할이 크게 신장했으나,

1970년대 들어 각종 경제적 압박과 생산성 하락 문제로 기존의 사회적 합의가 깨지면서 다시 작은 국가로 가는 것이 지금의 추세이다. 오늘날 신자유주의에서 강조하는 것이 바로 '작고 강한 정부'이다. 여기에서 '작은' 정부란 국가의 재정을 줄이고 수행하는 역할을 축소하는 것이고, '강한' 정부란 기존의 거대한 국가를 해체하기 위해 국가의 강한 역할을 주문하는 것이다.

1970년대 이후 지난 30여 년간 국가는 크기를 줄이고 기능과 역할을 축소하는 쪽으로 발전해왔다. 더구나 세계화국면에서 기업, 특히 초국적기업의 역할이 강해지면서 국가는 많은 영역에서 권한을 빼앗긴 채, 점점 설 자리를 잃어가고 있다. 자본과 노동이 국경을 넘어 자유롭게 이동하고 있는 상황에서 국가권한은 약화될 수밖에 없는 것이다. 1970년대 이후 신자유주의가 등장하면서 이러한 흐름이 있는 것은 사실이다. 그러나 그들의 상황은 한국의 그것과 전혀 다르다는 점 또한 알아야 한다. 예를 들어, 스웨덴의 경우 사회복지비가 GDP의 40%까지 육박했다가 35%로 낮아지고, 독일은 35%였던 것이 30%로 낮아진 것이다. 미국은 어떠했을까. 미국은 1980년에 사회복지비가 GDP의 12%였다가, 1990년에 14%로, 2000년에 20%로, 그리고 2005년에는 22%로 늘어났다. 즉, 신자유주의 국면에서 국가규모가 줄어들고 역할이 축소되는 상황에서도 복지지출은 계속 늘어났던 것이다.

대통령선거를 앞두고 정부의 크기에 대한 논쟁이 있었다. 정부조직을 더욱 효율적으로 만들고 각종 규제를 완화하는 것도 중요하다.

그러나 복지에 관한 한 한국이 지향해야 할 방향은 '작고 강한 정부'가 아니다. 오히려 정반대로 우리가 가야 할 방향은 역설적으로 말해 '크고 약한 정부'이다. 우리가 원하는 풍요롭고 인간다운 삶을 살기 위해서는 전체 생산에서 정부가 차지하는 비율을 늘리고 공무원, 특히 복지 담당 공무원 수도 늘려야 하며, 정부예산에서 복지 관련 예산을 늘려야 한다(우리는 복지와 관련해 적어도 다음 두 가지 사실을 착각하고 있다. 서구사회에서 말하는 작은 정부는 복지국가 문제를 극복하기 위해 국가의 크기를 줄이는 것으로서, 우리와 전혀 다른 기초에서 출발한다. 마찬가지로 서구사회의 규제완화와 시장원리 강조는 일정한 사회보장이 이뤄진 상태를 전제하는 것으로 우리의 여건과는 전혀 다르다). 그러면서 복지와 관련한 집행은 막강한 권한을 가진 정부관료만이 아니라, 시민사회의 각종 단체가 참여하는 거버넌스(governance)를 통해 분산된 권력 아래 이뤄져야 한다. 물론, 기업도 사회공헌활동 차원에서 다양한 복지서비스를 제공할 수 있다. 재난지역에서 자원봉사활동을 하고, 영세한 곳에서는 공부방을 운영하며, 결식아동에게 도시락을 제공하는 등 다양한 형태의 사회공헌활동이 이미 나타나고 있다.

우리가 원하는 사회는 구성원이 최소한의 인간적 생활을 보장받고 각자가 가진 잠재력을 최대한 발휘하면서 좀 더 창조적이고 의미 있는 삶을 살 수 있는 그런 사회이다. 이를 위해 우리는 국가의 복지지출과 역할을 확대해야 한다(국가를 해체해 권력을 분산하려는 아나키즘도 분명 의미가 있으나 이는 다른 차원에서 논의되어야 한다). 다만 국가가 관료화되거나 권력화되는 것을 방지하기 위해 자발적 시민결사체가 적극적으로 정책과정에 참여하는 것이 중요하다. 이것은 각종 비영리단체와 기업들이 공공복지에 적극적으로 참여해 일정한 권한을 행사하고 책임을 담당하는 패러다임이다. 요즈음 유행하고 있는 사회적 경제나 사회적 기업도 이러한 패러다임에서 파생하는 제도 및 장치라고 할 수 있다. 튼튼하게 짜진 사회보장 그물망 속에서 인간이 가진 지적·정신적 가치가 마음껏 발현되는 사회를 기다려본다. 그런 사회를 만들기 위해, 우리는 국가가 왜 존재해야 하는가를 끊임없이 자문하며 그 해답을 실현하기 위해 요구하고 행동할 수 있어야 한다.

품 위 있 는 죽 음

같은 동네에 살았던, 80세 넘은 할아버지는 정신이 맑을 때 자식에게 이렇게 당부했다. "나는 집에서 죽을 테니까 나중에 무슨 일이 일어나도 병원에 데려가지 마라." 그러던 어느 날, 갑자기 뇌일혈로 쓰러진 할아버지는 병원으로 이송되었다. 처음에는 병원 침상에 우두커니 앉아 멍하니 사람을 쳐다보기도 했지만, 건강이 점점 악화되면서 그조차도 할 수 없게 되었다. 그러나 환자의 생명을 포기해서는 안 된다는 의사의 의무와 부모를 쉽게 떠나보낼 수 없었던 자식의 소망에 따라, 할아버지는 인공호흡기를 끼고 중환자실에서 마지막 숨을 몰아쉴 때까지 2년을 더 살다가 생을 마쳤다. 옆집에 살았던 50대 중반의 아주머니는 암에 걸려 집에서 몇 년간 투병 생활을 했다. 그녀는 암을 극복하고 살아남기 위해, 그리고 조금이라도 고통을 줄이기 위해 갖가지 약도 쓰고 운동도 하며 정신을 단련했다. 그러나 결국 세상을 떠났다. 아주머니는 그 몇 년간 죽음이 인간에게 무엇을 의미하는지에 대해 사색하거나 이에 대해 전문가, 심지어 가족들과도 이야기 나눌 기회를 갖지 못한 채 쓸쓸하게 이승을 하직했다.

모든 인간은 다양한 목적지를 향해 살아가지만, 예외 없이 도달하는 곳은 무덤이다. 독일 철학자 하이데거의 지적처럼, 인간은 본질적으로 죽음을 향한 존재다. 이는 실존을 구성하는 중요한 요소로 작용한다. 삶이라는 여정의 종착점인 죽음을 누구도 피할 수 없다. 죽음은 인간을 송두리째 파괴하고 모든 것을 붕괴시키기 때문에 인간에게 있어 거대한 사건이다. 자신 앞에 놓여 있던 세계의 모든 것은 죽음과 함께 끝나고 만다. 그런데도 대부분의 사람들은 내일 아침 태양이 떠오를 것을 의심하지 않듯이, 내일 아침에 잠에서 깨면 여전히 살아 있을 것을 의심하지 않는다. 인간은 이처럼 자기만은 죽지 않을 것처럼 생각하며 살아간다. 다른 동물과는 달리 인간만은 죽음을 의식하고 준비할 수 있는데도, 죽음은 언제나 객관적이고 추상적인 것으로 여겨졌다. 다시 말해, 나의 죽음이 아니라 '타인의 죽음'으로 간주되었던 것이다. 그러나 자신도 결국 겪게 되기에 죽음은 결코 우발적인 사건이 아니라, 나의 실존문제이다. 죽음에 정면으로 대응해야 하는 이유가 여기에 있다.

　인류역사에서 오랜 기간 동안 성(性)에 대한 담론과 행위가 억압받아왔다. 가장 대표적으로 기독교 경전인 성서는 육신과 영(靈)을 선악 이분법으로 구분하고, 몸이 요구하는 자연스러운 성욕을 죄악시했다. 이러한 성서의 규정은 인류역사에 커다란 영향을 미쳤는데, 19세기 영국의 빅토리아시대에는 소년들이 성에 대해 관심 갖는 것을 경계하고 그 쾌락에 빠지지 않도록 특별하게 교육했다는 기록이 있다. 20세기에 들어와서도 다양한 방법을 통해 성, 특히 여성의 성은 억압받아왔다. 그런데 오늘날에는 과거의 성처럼 죽음에 대한 담론이 터부처럼 보인다. 모든 사람에게 예정된 죽음이 실존에 중대한 결과를 초래하지만, 어느 누구도 죽음에 대해 이야기하려 들지 않는다. 실제로 병상에 누워 죽음을 기다리는 부모나 친구에게 자세하게 이야기할 필요가 있지만 누구도 쉽게 그러지 못한다. 따지고 보면 인간은 죽음을 애써 감추거나 그것으로부터 도망칠 필요가 없다. 죽음의 문제는 가장 오래된 삶의 주제이자, 모든 철학과 종교의 중심과제였다. 일찍이 플라톤은 철학의 중심과제가 곧 죽음에 대한 것으로서, 철학이란 달리 말해 죽음을 준비하는 예술이라고 비유적으로 말했다. 모든 고등종교 또한 죽음에 대해 상세하게 논하면서 용기 있게 대처하는 법을 가르친다. 이제 죽음이라는 주제는 단순히 철학적으로 사색하고 연구하는 단계를 넘어 삶의 한복판에서 활발하게 논의되어야 한다. 잘사는 것만큼이나 잘 죽는 것도 중요하기 때문이다. 그래서 친구들끼리 모이면 죽음에 대해 스스럼없이 이야기하고, 죽음에 대해 토론하는 다양한 그룹이 발생하며, 죽음을 주제로 하는 다양한 시민운동이 일어나야 한다.

죽음과 관련해 얼마만큼 그 무지에서 벗어나 지혜롭게 대응하는지가 중요하다. 여기에 더해 어떻게 품위 있는 죽음을 맞이하느냐의 문제도 간과할 수 없다. 인간은 타자의 모습을 자신에게 투영해 자신의 입장으로 변환시킬 수 있는 능력을 가졌다. 따라서 죽으면 모든 것이 끝이기에 어느 누구도 자신의 죽음을 경험할 수는 없지만, 오랜 옛날부터 타자의 죽음을 목격한 구체적인 기억이 유전자를 통해 우리에게 전해오고 있다. 유전학적으로 모든 사람들이 죽음을 두려워하는 이유도 여기에 있다. 사실 죽음에 대한 공포는 죽음 그 자체에 대한 두려움으로 끝나지 않는다. 죽음에 대한 기억이 가져다주는 정신적인 고통도 크지만, 죽음에는 항상 육체적인 고통이 뒤따른다. 가령 많은 사람들의 사망 원인인 암·간경화·당뇨병·천식 등의 질병이나 각종 사고는 엄청난 고통을 수반한다. 자살을 시도하다가도 죽는 순간의 고통에 대한 공포 때문에 포기하는 경우가 많을 정도이다. 따라서 죽음에 직면해 얼마나 공포와 고통을 없애고 품위 있게 죽느냐는 중요한 문제이다. 그 일환으로 모든 사람들이 의학적 죽음을 넘어 인격적 죽음을 맞이할 수 있어야 한다.

인격적 죽음이란 죽음에 대해 자기 권리를 갖는 것이다. 뇌졸중이나 치매처럼 죽음을 의식할 수 없는 병에 걸릴 수도 있고, 그렇지 않더라도 병이 악화되어 중환자실로 옮겨지면 죽음에 대한 자기 권리를 상실하게 된다. 일찍이 스토아철학자들이 노화해 자연사(自然死)하는 대신, 의식이 남았을 때 자살하는 것을 인간의 소중한 자유와 권리로 간주한 것도 이러한 이유에서이다. 근대에 들어와서도 니체나 하이데거와 같은 철학자들이 자살을 긍정적으로 여겼으며, 들뢰즈(Gilles Deleuze)는 실제로 (스토아철학의 주장처럼) 자신이 직접 죽음의 순간을 결정했다. 그러나 소크라테스 이후 칸트(Immanuel Kant)에 이르기까지 많은 철학자들은 자살을 부정적으로 바라본다. 오늘날에도 자살을 사회적으로 쉽게 받아들이지는 않는다. 따라서 자살이 아닌 형태이면서 죽음에 대한 자기 권리를 찾는 방안을 강구할 필요가 있다. 예를 들어, 노인이 병이 악화되어 삶에 의미를 찾지 못할 때, 심폐소생술과 같은 비인간적 의료행위를 삼가고, 존엄사를 법적으로 인정함으로써 이를 사회적으로 용인하는 것이 바람직하다(존엄사는 더 이상 소생하기 어려운 사람이 자연스럽게 죽음을 맞이하도록 불필요한 의료행위를 중지한다는 점에서 환자의 요구에 따라 의사가 적극적 행위를 통해 사람을 죽게 하는 안락사와는 다르다). 죽음에 대한 다양한 공부와 토론을 통해, 각자 자신이 죽는 방식을 미리 결정해두는 것이 좋겠다. 즉, 다시 회복하기 어렵다면 자신의 의사와는 관계없이 각종 의료장치를 통해 생명을 연장하지 말고 자연스럽게 죽음을 맞이할 수 있게 하자는 것이다.

품위 있는 죽음을 위해서 죽음에 대한 자기 권리를 획득하는 것뿐 아니라, 어디에서 어떻게 죽을 것인지도 중요하다. 오늘날 대부분의 사람들은 북적대는 병원에서 환자복을 입고 산소호흡기를 단 채 죽어야 하는 운명이다. 1996년 한국인의 18%만이 병원에서 죽음을 맞이했지만, 10년이 지난 2006년에는 55%가 병원에서 죽었다. 또 10년이 지나면 80~90% 정도가 병원에서 죽음을 맞이할지도 모른다. 이래서는 존엄한 정신을 가진 인간이 품위 있게 죽는 것이 불가능하다. 인간의 죽음을 단지 생물학적 존재로서의 인간이 호흡을 정지하는 것만으로 이해해서는 안 된다. 죽음 연구가인 퀴블러로스(Elisabeth Kubler-Ross)의 지적처럼, 죽음은 어떤 존재가 다른 존재로 이행하는 것이다. 또한 달라이라마의 말을 빌리자면, "낡은 옷을 벗어던지고 새 옷으로 갈아입는 갱생의 과정"이라고도 할 수 있다. 죽음에 대한 이러한 비유는 오래전 그리스신화에도 등장한다. 아프로디테의 명령을 받고 지하세계의 페르세포네에게서 아름다움의 묘약을 훔친 프시케가 그것을 갖기 위해 상자뚜껑을 열어 죽음의 잠에 빠지게 되는데, 이때의 죽음은 낙원으로 가기 위한 하나의 지연으로서 다음 단계로의 성장을 확인해 준다. 따라서 새로운 탄생으로 나아가는 죽음에는 일정한 절차와 의식이 필요하다. 정신적인 존재인 인간은 직관을 통해 자신의 생명을 직시하고 심층적으로 사색할 수 있는 능력을 가졌다. 그러므로 인간의 죽음에는 인간존재에 걸맞은 의미 있는 과정이 있어야 한다. 이를 위해 설사 병원에서 죽더라도 생을 마감하는 순간에 가족이나 가까운 친척들이 들려주는 성인(聖人)의 소리를 들으면서 죽을 수 있어야 한다. 나아가 지금처럼 혼잡한 병원에서 죽는 것이 아니라, 각자의 가정이나 새로운 형태의 '죽음병원'을 만들어 평화로운 죽음을 맞이하게

끔 해야 한다. 큰 병원이더라도 최소한 '죽음병동'을 따로 만들어 품위 있는 죽음에 필요한 각종 설비를 갖추고 분위기를 만드는 것이 바람직하다.

인간은 동족이 죽은 후, 떠난 이를 기리기 위해 특정한 의식 속에서 장례식을 치른다. 한국에서 망자(亡者)가 아무리 신분이 비천하고 나이가 어려도 그의 영정 앞에 두 번이나 큰절을 올리는 것도 그런 이유에서이다. 그러나 어쩌면 더욱더 소중히 여겨야 할, 죽어가는 자와 죽는 순간의 의식에는 소홀하다. 새로운 탄생을 위한 준비로 이 순간을 바라본다면 문제가 많다. 불교에서도 인간의 부활 혹은 윤회를 가정한다. 그런데 불교에서는 죽음의 순간에 어떤 생명상태에 있는가가 사후(死後) 생명상태를 결정한다고 본다. 그 순간에 인간의 생명이 가진 파장이 그것과 일치하는 우주생명에 융합되기 때문이다. 다시 말해서 분노와 욕망에 휩싸인 생명은 사후에도 그러한 생명상태를 지속하게 되어, 그러한 경향성을 가진 물질을 모아 새로운 생명으로 태어난다고 본다. 따라서 죽어가는 순간에 가족의 걱정거리를 이야기한다든가, 남겨진 유산을 두고 가족끼리 싸운다든가, 욕망을 불러일으킬 물건을 제시하는 것은 바람직하지 않게 여긴다. 그 대신 평화, 즐거움, 이타심, 환희의 마음을 갖도록 할 것을 강조한다. 죽는 순간에 타자의 행복을 생각하고 환희에 휩싸인 생명상태를 가지게 되면 그러한 생명에 맞는 우주생명과 짝을 이룬다고 보는 것이다. 따라서 우리는 죽음의 과정에 광대한 우주생명에 버금갈 소우주로서의 인간이 품위

를 갖추도록 해줘야 한다. 그러기 위해서는 호스피스제도를 적극적으
로 활용할 뿐만 아니라, 가족이나 친척이 없는 사람도 품위 있는 죽음
이 가능하도록 자원봉사자를 운용하는 등 일정한 사회적 장치를 만들
필요가 있다. 죽음 그 자체는 지극히 개인적이지만, 그 의식은 사회
적·집단적 차원에서 다뤄야 한다. 중요한 것은 문화이다. 따라서 지
금처럼 병원에서 이뤄지고 있는 의학적 죽음이 아니라 인격적 죽음이
가능하도록 병원문화를 바꿔야 한다.

심미성을 가진 도시

1987년 6월항쟁이 일어났던 그해, 우리는 모든 것을 바쳐 조국의 민주주의를 외쳤고, 아낌없이 싸웠다. 그러나 그런 성취를 이룬 후에 돌아온 것은 무력한 일상이었다. 차라리 정부나 기업에 들어가기 위해 조용히 취직공부나 했다면 어떤 방향이든 길이 있었을 것이다. 그러나 총학생회장 활동, 검찰 기소, 채용 거부, 선거 참모 활동 등을 몇 년 동안 경험하고 나니 어정쩡한 상태에서 갈피를 잡지 못하고 방황하게 되었다. 그래서 마지막 선택으로 미국 유학길에 올랐다. 미국이라는 나라에 대한 호기심이 있기는 했지만, 난생 처음 가보는 외국인데다가 어학준비도 제대로 되어 있지 않았다. 설렘과 불안이 교차하는 출발이었다.

미국이 어떤 나라인가. 제2차 세계대전의 거의 유일한 승전국이자, 그 후 세계 전체 생산의 40%를 차지했던 강대국이 아닌가. 그리고 세계 여러 나라에 자신의 사상과 제도를 수출하고, 세계 곳곳에 있는 사람들이 공부하겠다고 달려오는 선진국이 아닌가. 또한 자국의 신념과 이익을 위해 온갖 폭력을 일삼고 도저히 묵과할 수 없는 오만에 가득 찬 나라가 아닌가. 그런데 앵커리지(Anchorage) 공항에 내려서 차를 타고 1시간 동안 정해진 숙소까지 오면서 내가 접한 미국의 첫 인상은 전혀 달랐다. '아, 아름답다, 정말 아름답다, 어쩌면 도시가 이토록 아름다울 수가 있는가.' 집, 도로, 공원, 건물 등 모든 것이 아름다웠다. 이는 2년 반 동안 그곳에서 살며 미국이 약소국에 행한 무자비한 폭력, 질서 있고 합리적인 제도, 친절하고 순박한 사람들 등에 대해 강한 인상을 받았는데도, 그곳을 떠난 지 15여 년이 지난 지금까지도 여전히 미국을 떠오르게 하는 장면이다. 나중에야 알게 된 일이지만, 내가 공부했던 앵커리지는 미국에서는 아름다운 도시 축에도 끼지 못했다. 그 사실을 알고 나서는 더욱 미국이라는 나라가 아름다운 실루엣으로 투영되어 있다.

2004년 2월, 나는 아시아 시민사회를 연구하는 프로젝트의 일환으로 일주일 동안 일본을 방문했다. 처음 가보는 일본이었다. 도쿄에서 이틀을 머물고 오사카를 거쳐 교토까지 갔다. 그 옆에 있는 고도(古都) 나라(奈良)에도 들를 계획이었지만, 시간이 허락하지 않았다. 워

낙 짧게 체류하는 것이라서 속속들이 볼 수는 없었다. 도쿄를 중심으로 한 일본의 2월 특유의 날씨는 음산했지만 깨끗한 거리, 작고 아담한 간판, 그리고 오목조목 꾸며놓은 동네들의 모습이 인상적이었다. 특히 지방의 작은 도시에서는 도로, 간판, 꽃길, 개울, 집집의 대문 하나에도 정성 들여 한껏 미적 감각을 뽐냈다. 아기자기하게 꾸며놓은 동네는 그야말로 예술작품을 도시 위에 옮겨둔 것 같았다. 심미성의 측면에서 본다면 일본은 한국보다 몇 수 위였다.

최근 한국의 지방도시에서 이러한 심미성을 가미한 도시가 늘어나고 있기는 하지만, 아직은 몇 개 도시에서 시도하는 수준의 걸음마 단계이다. 대도시들은 어떤가. 우선 너무 지저분하다. 간판이 너무 많고 너무 크다. 건물 앞 인도는 잡다한 물건들로 어지럽다. 건물들이 실용성만 따져 지어서 천편일률적이다. 건물 재료가 거의 벽돌과 시멘트여서 메마르고 건조한 느낌을 준다. 녹지나 공원이 부족하며, 개인주택도 담장이 높은데다가 정원은 없거나 보이지 않는다. 도시 건축물 중에서 가장 큰 비중을 차지하는 아파트밀집군은 대규모 감옥처럼 보일 정도로 미적 아름다움을 찾아보기 어렵고, 획일적 외형으로 인해 시각적 변화를 주지 못한다. 그 속에서 현대문명의 이기(利器)를 갖추고 편리한 생활을 하며, 많이 공부해 논리와 반성력을 갖춘 높은 이성을 가지고 있다고 해도, 기계와 이성을 넘는 심미성은 부족해 보인다.

심미성 없는 도시에서 자란 아이들이 유전자를 통해 전해 내려오는 아득한 시간의 신화적 신비를 느낄 수 있을까. 심미성은 곧 주관석인 자기의 예술적 표현으로 나타난다. 예술이란 미국의 심리학자 윌버(Ken Wilber)의 지적처럼, 객관적인 것을 나타내는 과학이나 공동의 우리를 묶어주는 도덕에 비해, 궁극적으로 주관적인 나를 표현하는 것이다. 그래서 도시를 아름답게 꾸미고 자연성을 가미하는 것은 나를 표현하는 것이며 예술적 인간의 구체적인 발현이라고 할 수 있다. 이러한 예술적 공간에 살 때에야 인간은 아름다움을 느끼고, 그것을 자연스럽게 추구한다. 그리고 독일 철학자 카시러(Ernst Cassirer)의 주장처럼 예술은 단순히 사물을 재구성하거나 자연현상을 재현하는 것이 아니라, 객관과 주관이 조화롭게 융합되는 창조적인 삶이다. 따라서 예술은 질료를 구성·재구성하는 과정에 인간이 가진 감정과 영성을 자연스럽게 투입한다. 이 과정에서 인간은 감각과 개념세계를 넘어 관조와 직관으로 나아가고 새로운 차원으로 승화하는 매 순간 초월감과 절대감을 맛본다. 그러니까 도시를 아름답게 가꿔 심미성을 살린다는 것이 인간의 삶에 얼마나 중요한가. 오늘날 한국의 청소년들은 삭막하고 꽉 막힌 도시에 살기에 자연에서 우러나는 아름다움을 제대로 체험하지 못한다. 그래서 프랑스 사회학자 르페브르(Henri Lefébvre)의 지적처럼, 그들은 그저 TV 광고 영상을 통해 심미적 욕구를 대리 만족하는 불행한 삶을 살고 있다.

어찌 그것이 청소년들만의 문제이겠는가. 미적 감각이 빈곤한, 어지럽고 삭막한 도시에서 살아가는 어른들도 마찬가지이다. 일상에서 예술이 사라져버린 끝에는 자본의 광기와 그것의 결과인 감각적 쾌락만 남게 된다. 그래서 도시인들이 TV 스포츠중계에 광란하고, 드라마에서 눈을 떼지 못하며, 밤새도록 컴퓨터 게임에 빠져 있는지도 모른다. 어디 그뿐인가. 모였다 하면 장기와 바둑으로 소일하고, 시간만 나면 골프와 낚시로 바쁘며, 주말이면 화려한 백화점에서 쇼핑하는 것으로 만족하는 사람들, 심지어 알코올중독자가 되어 술을 찾아나서고, 도박중독자가 되어 파트너를 구하러 다니며, 마약중독자가 되어 공급자를 만나려고 안달하는 것도 예술이 빠져나간 삶의 현실이다. 심미성이 없는 삭막한 도시에서 살아가는 사람들은 본래적으로 타고난 예술적 천재성을 살리지 못한 채 감각을 탐닉하며 피상적·수동적인 삶 속에서 서성대고 있다. 이쯤 되면, 여가란 삶을 윤택하게 하지 못한 채, 따분하거나 쾌락을 따라 욕망이 춤추는 시간이 되어버린다. 이런 사람에게 아리스토텔레스(Aristoteles)가 말하는, 완성된 삶으로서의 행복, 즉 에우다이모니아(eudaimonia)를 바라기는 어렵다.

도시를 아름답게 가꾸는 것은 연구실에 틀어박혀 연구를 주업으로 하는 학자에게도 중요하다. 창밖에 삭막한 도시광경만이 보이는 꽉 막힌 방에 갇혀 연구하는 학자가 상상력을 발휘하고 창조력을 끄집어낼 수 있을까. 얼마 전 충청북도 진천의 초평호 옆에 있는 한 연수원에서 연수를 받을 때, 4층에서 주위 광경이 어우러져 자아내는 아름다움에 감탄하며 이렇게 생각했다. '이런 곳에서 연구를 한다면 얼마나 행복할까! 이렇게 아름다운 풍경이 창밖에 펼쳐진 곳에서 연구한다면 밤새워 공부해도 피곤한 줄 모르고 훌륭한 연구업적을 낼 수 있을 거야.' 현대사회가 창조성을 중시한다면 이젠 공부나 연구도 아름다운 자연환경 속에서 이뤄질 수 있어야 한다.

우리는 왜 아름다운 자연 속에서 공부하고 살아야만 하는가. 『국가의 품격』을 쓴 일본 수학자 후지와라(藤原正彦)는 세계의 여러 천재 수학자들의 생애를 연구하면서, 천재는 아무 곳에서나 태어나는 것이 아니라 일정한 조건을 가진 지역에서만 태어난다는 흥미로운 주장을 했다. 그는 천재가 태어날 수 있는 세 가지 조건으로서 아름다운 미적 환경, 무릎을 꿇게 만드는 존재, 정신성을 존중하는 풍토를 든다. 즉, 천재가 태어나기 위해서는 가장 먼저 미적 아름다움을 가진 환경이 있어야 한다는 것이다. 이는 아름다운 풍광을 가진 곳에 사는 사람만이 인간이 가진 모든 잠재력을 발휘하고 창조적인 업적을 만들어낼 수 있다는 의미이다. 그는 독일 물리학자 아인슈타인(Albert Einstein)을 능가하는 인도의 위대한 수학자 라마누잔(Srinivasa Ramanujan)이 어린 시절 살았던 인도의 남동부 쿰바코남(Kumbakonam)을 방문해 이를 확인했다(아인슈타인의 상대성이론은 그가 아니어도 몇 년 내 누군가가 발견했으리라고 보는 데 반해, 20세기 초에 살았던 라마누잔의 3,500여 개 수학공식은 20세기 말에야 겨우 증명되었다고 한다). 그리고 아일랜드의 에메랄드빛 해변과 영국의 고색창연한 캠퍼스의 아름다움이 천재를 낳는 데 얼마나 중요한지의 예로 들었다.

한국은 소국(小國)을 제외하면 방글라데시와 대만 다음으로 세계에서 세 번째로 인구밀도가 높은 나라다. 그조차 남북으로 갈려 한국은 한반도 전체의 45%에 불과하며 그 대부분도 산지이다. 이런 조건에서 우리가 단독주택 중심의 주거형태, 넓은 정원과 많은 공원으로 채워진 도시를 바란다는 것은 실현할 수 없는 희망사항일지도 모른다. 그러나 이러한 여건에서도 우리는 도시를 아름답게 가꿀 수 있다. 도로를 깨끗하게 정비하고, 간판은 작고 아담하게 만들며, 주택가의 담을 허물어 정원을 밖으로 드러내면 된다. 건물도 다양한 건축미를 가미해 짓고, 천편일률적인 아파트 대신 각 브랜드마다 고유의 디자인을 갖게 하는 것이다. 도시에 더 많은 나무를 심고, 꽃길을 가꾸고, 강을 꾸미는 것, 자전거와 유모차가 다닐 수 있는 길을 더 많이 만들고, 나무를 재료로 하며 다양한 장식을 가진 만남의 장소를 더 많이 짓는 것은 현재 상황에서도 불가능하지만은 않다. 또한 자연환경을 잘 살려내고, 각종 전통문화유산을 정성들여 보존하며, 도시를 대표하는 의미 있는 상징물을 뛰어난 예술작품으로 만들 수 있다. 공원의 나무 한 그루, 광장의 의자 하나, 도로의 표지판 하나, 길가의 쓰레기통 하나도 예술을 가미해 만들면 된다. 그래서 지나가던 사람들이 발걸음을 멈추고는 주위를 돌아보며 사색할 수 있는 도시를 만드는 것이다.

설사 인구밀도가 높아 효율성을 추구할 수밖에 없어서 아파트형 주택을 지을 수밖에 없다 하더라도 미적 감각을 살리는 방향으로 나아가야 한다. 대도시의 많은 공간을 차지하는 아파트를 직사각형의 볼품없는 단순한 진열이 아니라, 다양한 테마를 가진 주거 공간으로 만들어야 한다. 그리고 단지의 정원도 그저 구색 맞추기에 그칠 것이 아니라, 개념과 주제를 가진 삶의 공간으로 인식해 자연의 섭리에 따라 변화하는 곳으로 만들어야 한다. 그래서 아파트에서도 봄에는 알 수 없는 식물이 땅에서 돋아나고, 여름이면 풀들이 비를 맞으며 쑥쑥 자라고, 가을이 되면 형형색색 낙엽들이 지는 것을 볼 수 있어야 한다. 비가 오면 개울이 생겨 개구리가 울어대고, 아침이면 새가 지저귀고, 창밖을 내다보면 눈부시도록 아름다운 광경이 펼쳐지는 주거공간을 만들어야 한다.

한국의 도시는 너무나 삭막하다. 육신의 피로를 풀 곳은 있으나 지친 정신을 달랠 곳은 없다. 그래서 누구나 누릴 수 있는 열린 도시 같으면서도 정작 누릴 수 있는 내용이 아무것도 없는 역설이 존재한다. 도시를 이렇게 아름답게 꾸미고 가꾸는 것이 물론 천재가 많이 태어나게 하려는 것은 아니다. 바로 우리의 아이들이 자연을 가까이 느끼며 열린 인성을 기를 수 있게, 또 우리 자신이 그런 아름다운 삶을 살기 위해서이다. 도시를 아름답게 가꾼다는 것은 정신을 풍요롭게 하고, 사람과 사람과의 관계를 좋게 만들며, 사람과 자연의 관계를 조화롭게 만든다는 의미이다. 상생하고 조화롭고 윤택한 삶으로 가득한 도시에서 살기를 꿈꿔본다.

다시 태어나는 KBS

2002년은 한일월드컵의 해로 기억된다. 세계축구의 변방에 머물렀던 한국은 예상 밖의 성적을 올려 4강에 올랐다. 예선전부터 16강전, 8강전, 4강전까지 경기가 진행되는 동안 사람들은 즐거운 마음으로 텔레비전 앞에 모여들었고, 붉은 옷을 입고 전국의 광장에 모여 목청껏 대한민국을 외쳤다. 그 과정에서 문화적 획일주의, 집단적 애국주의, 상업적 자본주의를 목도할 수 있었다는 비판도 있었지만, 그해 여름이 정말 신명 나는 시간이었음은 부인하기 어렵다. 더구나 그토록 갈망하던 영웅이 무더기로 태어났다. 축구감독이었던 히딩크(Guus Hiddink)와 국가대표선수들이 영웅이 되었으며, 우리 스스로를 영웅으로 여겼던 시간이었다. 그러나 한 달 남짓한 기간에 좋은 일만 있었던 것은 아니다. 시민운동가들은 월드컵이 벌어지는 축제기간 동안 미군장갑차에 깔려 숨진 두 여중생의 비극을 부각시키려 애썼다. 사회활동가들은 축구경기를 보며 모든 정열을 바쳐 한국을 응원한 붉은 악마라면 당연히 '한국적' 비극에 대해서도 분노하고, 비판하고, 대책을 요구하는 정열 또한 가져야 한다며 목소리를 높였다. 그러나 이 기간에 방송사, 특히 한국방송(KBS)이 행한 미디어폭력을 예리하게 간파하고 비판한 사람은 눈에 띄지 않았다.

우리나라 대표팀이 독일과 결승진출을 놓고 맞선 4강전이었던 것 같다. KBS 1TV 채널을 통해 축구경기를 시청하다가 채널을 돌렸다. 결승진출권을 가운데 두고 벌어지는 중요한 순간을 실황중계하는 홍분된 시간이었지만, 긴 축구경기에 피로감이 쌓였던 것이다. 인간은 이런 결정적인 순간에 오히려 새로운 것을 지향하고 변화를 추구하는지도 모른다. 그래서 경기가 끝난 후 결과만 보기로 하고 다른 프로그램을 보고자 했다. 축구를 좋아하는 내가 이 정도였으니, 월드컵기간 동안 TV만 틀면 축구중계를 하거나 축구 이야기만 하는 프로그램으로 채워진 화면을 보는 아내의 불만은 이만저만이 아니었다. 그러나 MBC나 SBS는 말할 것도 없고, KBS 2TV 채널까지 똑같이 축구경기 중계를 하고 있었다. KBS 당국자는 이렇게 생각했던 것 같다. '전 세계 수 억 인구가 관심을 가지고 지켜보고 있으며 우리나라에서 우리나라 선수가 출전하는 경기인데, 어느 누가 이 시간에 축구경기를 보지 않고 다른 프로그램을 원한단 말인가.' 이것은 방송 중 심한 욕설이 여과 없이 나가고, 쇼를 생중계하는 중에 나체가 그대로 방송된 사고들이 대수롭지 않게 여겨질 정도로 중대한 실수에 해당한다. '시청자 모두가 나와 똑같이 생각할 것이며, 이 순간만은 시청자들이 축구경기를 시청하면서 한국을 응원해야 한다'라는 생각은 인간정신의 다양성을 파괴하고 인간을 획일화하려는 파시즘적 발상이다.

KBS 당국자는 성인의 경우 남은 일생 동안 이 땅에서 열리는 월드컵을 다시 보지 못할 것이기에 당연히 거의 모든 사람들은 4강전이 열리는 지금 TV에서 중계하는 축구경기를 시청하리라고 착각했을 것이다. 그러나 월드컵기간에도 축구경기를 시청하는 사람은 성인의 50%를 넘지 않았을 것이고, KBS · MBC · SBS 등 3개 방송국의 채널을 다 합쳐도 축구경기를 시청한 사람은 전체 시청자의 70%를 넘지 않았을 것이다. 사실 노인들은 축구를 잘 이해하지 못하는 경우가 많고, 상당수의 여성들도 경기에 흥미를 덜 느끼는 탓에 차라리 드라마 보기를 원하곤 한다. 그런데 지상파 채널을 2개나 확보해 공영방송을 한다는 KBS가 시청자의 다양한 선호를 무시하고 1TV에서도 축구, 2TV에서도 축구를 중계한다면 이는 심각한 문제가 아닐 수 없다.

물론 방송 공공성이 KBS에만 적용되는 것은 아니다. MBC는 물론, 상업방송인 SBS도 방송이라는 특수성에서 본다면 공공성이 중요하다. 그러나 여기서는 KBS, 특히 상업광고가 없는 KBS 1TV만 이야기하자. KBS는 한국에서 가장 빠른 시간에, 가장 많은 정보를, 가장 많은 사람에게, 가장 쉽게 전달할 수 있는 대중매체이다. 이것은 달리 말해서, KBS가 엄청난 권력을 가진 위험한 도구이자, 뛰어난 접근성과 속도를 가진 이기(利器)임을 의미한다. 그래서 KBS는 한국사회가 안고 있는 무수한 문제에 대해 의제를 설정하고, 사람들을 설득하고, 유효하게 해결하는 데 커다란 역할을 할 수 있다.

한국 정도의 경제 및 교육수준을 가진 나라에서 이처럼 사회복지가 빈곤하고 사회질서는 어지러운 곳이 있는가. 한국처럼 공동체적 가치를 중시하는 나라에서 이 정도로 장애인을 홀대하는 곳이 또 있는가. 한국만큼 인적자원이 개발된 나라에서 이렇게 책을 읽지 않는 곳도 있는가. 한국만큼 개명된 나라에서 이렇게 부(富)를 부정한 방법으로 축적하는 곳이 있는가. 한국처럼 인정 많고 높은 정신적 전통을 가졌다는 나라에서 이처럼 기부금에 인색하고 물질에 집착하는 곳이 또 있는가. 1945년 해방 이후 60여 년간 한국이 이룬 업적을 과소평가하거나 한국이 가진 잠재력을 무시하지는 않지만, 세계 어느 곳에도 이런 나라는 없다고 생각한다. 공영방송국인 KBS는 엄청난 권력과 유효한 수단을 가졌으면서 이런 문제를 해결하기 위해 무엇을 했는지 묻지 않을 수 없다. 그들은 한국사회를 더 정직하고, 인간답고, 아름답게 만들어 더 살기 좋은 나라로 만들 수 있는 매체를 가졌음에도 그 중요한 매체를 연예인들이 떼거리로 몰려나와 한담하고, 방송국 강당에 매트리스를 깔아 곡예하며, 때로는 강아지를 데리고 나와서 몰이를 해대는 데 사용했다. 심지어 상업광고를 할 수 없다는 이유로 자기

방송국에서 곧 방영할 드라마를 많이 시청하라고 선전까지 하고 있으니 기가 찰 노릇이다.

예전에 봤던 공익광고 중 이런 이야기가 있었다. 퇴근길 버스에서 어느 직장인이 손이 닿지 않는 학생을 위해 내림버튼을 눌러주고, 횡단보도에서는 걷기 힘든 노인을 부축해주며, 신문을 배달하던 소년이 잘못 던진 신문을 대신 담장 너머로 던져주는 데 걸린 시간은 단지 25초, 그 25초 동안 친절을 베풂으로써 스스로도 자랑스럽고 사회를 아름다운 곳으로 바꿀 수 있다는 내용이었다. 나는 NGO학 수업 시간에 이 공익광고에 대해 학생들과 토론했다. 많은 학생들이 그 공익광고를 봤고, 감동적인 교훈을 담고 있다고 입을 모았다. 30초짜리 공익광고가 해낸 성과가 수백억 원을 들여 수천 명의 공무원을 동원해 실시한 계몽운동이나, 수십억 원을 들여 수백 개 NGO가 수행한 시민운동의 성과에 버금간다고 할 수 있다(물론 시민운동의 의미를 단지 얼마나 많은 사람을 계몽시켰느냐 하는 성과만으로 판단하는 것은 아니다). 미국 공영방송인 PBS가 20분마다 공익광고를 하면서 아주 사소한 내용까지 시민들에게 알리고 설득하는 영상이 나에게 선명하게 남아 있다. KBS는 왜 이 나라를 풍요롭고 평화로운 곳으로 만들 수 있는 공익광고를 제대로 하지 않는가.

KBS를 다시 만들자. 광고 없이 완전한 공영방송으로 만드는 것이 궁극적인 목표이지만, 현재로서는 최소한 1TV든지, 아니면 2TV든지 상업광고를 하지 않는 공영성을 원칙으로 운영되는 채널을 하나 만들

자. 그 채널에서는 쇼나 드라마는 말할 것도 없고, 스포츠중계나 뉴스도 방송하지 말자(다른 방송사는 물론 뉴스 전문 채널도 있는 상황에서 굳이 KBS 뉴스를 봐야 할 이유가 있다는 데 회의적이다. 그래도 KBS 뉴스를 봐야겠다면 그것을 2개의 채널 모두에서 할 필요가 어디에 있는가). 각종 역사 다큐멘터리, 사회문제에 대한 깊이 있는 토론, 긴급한 재난방송, 한국이나 외국문화의 소개, 예술적 가치가 높은 공연중계, 저명인사나 뛰어난 학자의 강연, 실존을 깨치는 인문학 강의, 모범적이고 인간다운 삶의 소개, 환경·인권·평화 등과 같은 가치에 대한 기획, 지구적 과제에 대한 심층취재, 그리고 각종 공익광고를 다루는 채널로 만들자(사회적 교훈을 담은 좋은 가족 코미디 프로그램도 괜찮다고 본다). 그럼으로써 이 나라가 질서를 잘 지키는 나라, 인권을 중시하는 나라, 범죄가 적은 나라, 정신을 존중하는 나라, 타자를 배려하는 나라, 사회적 약자를 돕는 나라, 자연을 소중히 하는 나라, 공동체의식이 살아 있는 나라, 지도자를 제대로 뽑는 나라가 되는 데 공영방송이 중요한 역할을 해야 한다.

　KBS의 주요 정책 결정자는 재정이 부족해 KBS의 공익성을 높일 수 없다고 항변한다. 그래서 시청료 인상안을 통과시키면 KBS의 공익성을 높일 수 있다고 말한다. 물론 시청료 인상안 자체를 반대하지는 않는다. 현대사회에서 정부나 준정부조직이 적절한 재정적 뒷받침 없이 공공의 목적을 달성할 수는 없기 때문이다. 그러나 재정증대가 반드시 공익성의 확보로 이어지는 것은 아니다. 게다가 이는 선후관계가 잘못되었다. 재정을 증대해주면 공익성을 높일 수 있는 것이 아니라, 공익성을 높여 좋은 프로그램을 만들면 국민들은 기꺼이 시청료를 더 지불한다. 나는 살림이 넉넉하지 않지만 KBS가 좋은 공영방송으로 거듭난다면, 아니 적어도 뚜렷한 목적의식을 가지고 중대한 변화를 시도하겠다는 의지만 가졌더라도, 현재 시청료의 3~4배까지 낼 용의가 있다. 그러나 세계를 바라보는 시각 때문이든, 조직의 역량 때문이든, 아니면 내부구조의 모순 때문이든지 간에 그런 변화가 찾아올 가능성이 보이지 않으니 답답할 따름이다.

10

신 문 을   읽 는   출 근 길

고등학생 시절, 영어책에서 본 것 같다. 아침에 각 가정에 배달되는 중요한 두 가지 물건이 있는데, 바로 우유와 신문이다. 영양분을 공급해주는 우유는 건강한 육체를 위한 것이고, 지식과 정보를 전달해주는 신문은 건강한 정신을 위한 것이다. 생존을 위해서는 우선 우유가 중요한 것 같지만, 이성을 가진 인간이 우유만으로는 살아갈 수 없다. 그래서 경제적인 곤경 때문에 둘 중 하나를 끊어야 한다면 망설이지 않을 수 없다. 뭐 그런 내용이다. 신문의 중요성을 강조한다고 해서 한국의 주류 신문이 지닌 많은 문제를 은폐할 생각은 없다(게다가 주요 일간지 외에 인터넷신문이나 소규모의 다양한 자율적 신문도 중요한 언론

역할을 하고 있으니 문제가 많은 신문을 보지 않을 수도 있다). 또한 현대인이 갈망하는 지적 · 정신적 욕구를 신문이 제대로 충족시킨다고 생각하지도 않는다. 그러나 한국, 이 나라의 수도 서울에서 정말이지 신문을 읽어야만 할 중대한 사건이 발생했다.

한국인의 교육수준과 교육열은 무서울 정도이다. 우선 고등학생의 대학진학률이 80%로서 캐나다와 더불어 세계 최고수준이다. 그리고 소득 대비 사교육비 또한 그렇다. 소득의 가장 많은 부분을 자녀교육에 투자하는 한국인이지만, 부끄럽게도 2006년 9월 국립중앙도서관의 발표에 따르면 성인은 한 달에 한 권의 책을 겨우 읽는다고 한다. 어쩌면 세계문명국 중에서 최하위그룹에 속할지도 모를 일이다. 일본을 방문해 전철을 타보면 한국과는 확연하게 차이 나는 장면을 보게 된다. 우선 낮에 전철을 타면 노인들이 매우 많고, 핸드폰을 사용하는 사람이 없으며, 그리고 승객의 절반 이상이 책을 읽고 있다는 점이다. 그런데 한국의 전철 안은 어떤가. 다른 승객은 아랑곳하지 않고 지극히 사적인 내용까지 전화로 떠들어댄다(전철에서 꼭 핸드폰 사용을 금지하자고 주장하는 것은 아니지만 어느 정도 자기규제는 필요하다). 젊은이들은 핸드폰을 들고 문자메시지를 보내거나, 최근 확산된 DMB(Digital Multimedia Broadcasting)로 TV를 시청하기도 한다. 전철에서 책을 보는 사람은 10%가 되지 않는다.

모든 사람이 잘 알다시피, 문자와 인쇄술의 발달은 인간을 다른 동물과 구별하는 중요한 요소이자, 지금까지 쌓아온 인류문명 발전의 핵심동력이다. 인간에게 문자가 없고, 있더라도 인쇄할 방법이 없다면 우리는 하루아침에 야만상태로 전락할 것이다. 인간은 자신의 사상과 문화를 문자를 통해 인쇄해 이를 책으로 만들었다. 오늘날 이미지를 중시하고, 다양한 영상매체가 속속 등장하면서 소위 멀티미디어 시대가 도래한다고는 하지만, 책의 중요성은 결코 줄어들지 않았고 앞으로 줄어들 리도 없다. 생활에 필요한 지식을 습득하고 과학을 발전시키며 문명을 진전시키는 것은 주로 책을 읽음으로써 이뤄진다. 그러지 않고서는 이러한 학습과 지식획득이 체계적으로 이뤄질 수 없다.

책이란 인류의 위대한 지적 유산을 만날 수 있는 가장 뛰어난 도구라고 정의하고 싶다. 예를 들어, 플라톤 같은 철학자나 아인슈타인 같은 과학자는 지금 살아 있지도 않고, 살아 있더라도 만나기 어려운 곳에 있다. 그런데 다른 나라에 태어난데다가 이미 존재하지도 않는 위대한 사람을 만날 수 있는 통로가 있으니, 그것이 바로 책이다. 이들의 사상과 원리를 체계적으로 읽음으로써 정신적 성장을 이룰 수 있다. 그러니 책을 읽지 않는다는 것은 자신의 지적·정신적 수준을 한계지우고 인간이 가진 위대한 잠재력을 유폐시키는 것이다. 한국이 경제나 문화 등 다방면에서 일본을 따라잡고, 또 능가하고 있는 것 같지만, 그것은 착각이거나 최소한 일시적인 현상일 뿐이다. 한국인이 책 읽기에 게을러 일본인의 독서량 절반에도 미치지 못한다면, 그것의 결과는 언젠가 나타날 것이다. 이러한 주장은 다음과 같은 사실을 상기하면 곧 이해가 갈 것이다. 제2차 세계대전 이후 제3세계국가 중에서 가장 성공한 산업국가에 속하는 한국이 해방 이후 60여 년간 이룬 발전은 세계사에 전무한 것이었다. 그 발전의 동력은 우리 부모 세대가 제대로 먹지도 입지도 않으면서 자식들을 공부시켜 이룬 결과가 아닌가.

이렇게 책을 읽지 않기로 유명한 한국사람이 이제 신문조차 읽지 않으니, 한국의 백년대계가 토대부터 무너지고 한민족의 문화가 쇠퇴할 조짐이 따로 없다. 다른 대도시도 마찬가지이겠지만, 서울의 출근 시간 전철역 앞에는 몇 년 전부터 새로운 풍경이 등장했다. 몇 사람이 서서 신문을 나눠주고 전철을 타러 가는 사람은 그것을 받아 간다. 바로 무가지(無價紙) 신문이다. 그래서 전철 안에는 대부분의 사람들이 그것을 읽고 있다. "공짜라면 양잿물도 마신다"라는 속담도 있지만, 공짜로 주는 신문이니 손해 볼 것 없다고 생각하는 모양이다. 그러나 이것은 사회적으로는 물론 개인적으로도 엄청난 피해를 낳는다.

나는 전철로 출퇴근하지만, 아직 한 번도 무가지 신문을 본 적이 없다. 정신이 말짱한 아침에 그런 신문을 보는 데 시간을 쓴다는 것이 너무 아깝기 때문이다. 이 글을 쓰기 위해 한번 펼쳐봤다. 내용과 구조는 예상했던 그대로였다. 무가지 신문은 우선 시선을 끄는 데 초점을 두고 있다. 보통 일간지라면 사회를 바라보는 일정한 세계관과 가치관에 근거해 사건을 보도하고 해석한다. 독자는 그러한 신문의 경향에 따라 자신의 선호에 맞는 신문을 골라 일정 기간 구독한다. 그러나 무가지 신문은 일간지처럼 일정한 논조를 가진 언본이라기보다는 그야말로 돈을 벌려고 나타난 뜨내기장사꾼에 가깝다. 독자를 최대한 많이 붙잡아두자는 것이 목적이니, 논리적·비판적·성찰적 이성에 호소하는 대신, 말초신경을 자극하는 시각적 이미지에 초점을 둔다. 자극적인 문구와 사진이 들어가는 것은 당연하다. 기사는 일정한 능력을 갖추고 훈련을 받은 기자가 취재해 쓴 글이 아니다. 연예·스포츠·부동산처럼 신문의 부수적 영역을 제외하고는 대부분 여기저기 다른 신문이나 매체에서 가져온 것을 짜깁기한 것이다. 체계적으로 사회문제에 대해 의제를 제안하고 대안을 모색하는 기획기사는 말할 것도 없고, 민주시민으로서 알아야 할 주요 사항에 대해서조차 제대로 담론을 구성하지 못하고 있다. 당연히 사람의 관심을 끄는 자극적인 것에 초점을 두고 있기에 일관성이 부족하고 질이 떨어질 수밖에 없다. 이렇게 되면 하나의 언론으로서 신문에 필요한 공공성, 철학과 윤리, 해석과 비판 등과 같은 개념이 들어갈 틈이 없다.

무가지 신문이 더욱 문제되는 것은 이 신문이 공짜라는 데 있다. 서양 속담에 "공짜점심이 없다"라는 말은 무가지 신문에 딱 들어맞는다. 신문 값을 받지 않는다면 비용은 다른 곳에서 충당될 것이고, 그 핵심 원천은 바로 상업광고이다. 그래서인지 기사보다 광고가 먼저 눈에 띈다. 기사 속에 광고가 있다기보다 광고 속에 간헐적으로 기사가 들어 있는 격이다. 광고도 대부분 자극적이다. 그럴 만한 이유가 있다. 무가지 신문을 보는 사람은 현대사회의 전형적인 대중이다. 철학자 이정우의 지적처럼, 대중이란 깊은 반성이나 명철한 판단보다는 자신의 쾌락을 만족시켜줄 가벼운 물건·소리·영상·정보 등에 심취한다. 변덕스러운 마음, 허상에의 몰두, 즉흥적 쾌락이 현대사회 대중의 표상이다. 따라서 인내심을 가지고 예술에 심취하거나 무거운 철학책을 소화해내는 것이 아니라, 피상적인 에피소드와 가십거리에 관심을 갖는다. 주요 고객인 이들의 취향에 맞추기 위해서라도 현란한 광고를 실을 수밖에 없다. 이러한 상업광고가 인간의 비판능력을 마비시키고 감수성을 무력화하는 부작용을 낳는다는 것은 말할 필요도 없다. 독일의 사회학자 에리히 프롬의 말을 빌리면, 상업광고는 비판적 사고와 정서적 자주성을 무력화시키는 무기로서 마약보다 더 무서운 존재이다. 그래서 좀 심하게 말하면, 맑은 정신으로 출근해야 할 서울의 수많은 시민들은 매일 아침 전철에서 마약을 하면서 직장으로 가는 셈이다(아마 현명한 기업가가 있다면 직원들에게 출근할 때 무가지 신문을 보지 말라고 했을 것이다). 전철역 안 신문판매대 주인이 무가지 신문으로 수입이 줄어들었다는 타령은 장사가 안 된다는 불만만이 아니라, 피폐한 현대인의 정신건강과 현대문명 쇠퇴에 대한 준엄한 경고이기도 하다.

나는 학생들에게 스포츠신문을 보지 말라고 누누이 당부한다. 피로를 풀거나 재미삼아 한두 번 볼 수야 있겠지만, 매일 아침 스포츠신문을 읽으며 학교에 오면 바보가 될 수밖에 없다. 한 사람의 민주시민으로서 사회를 바라보고, 상상력을 가지고 미래를 구상하며, 실존을 고민해야 할 젊은이에게 스포츠신문은 어떤 해답도 주지 않기 때문이다. 이제 한두 사람이 아니라, 도시 사람들 대다수를 바보로 만드는 매체가 나왔으니, 이것이야말로 나라를 망하게 하고 문명을 침체시키는 통탄스런 일이 아닐 수 없다. 이제 무가지 신문을 보지 말자는 계몽도 주요한 시민운동의 하나로 이뤄져야 한다. 내부로부터 썩어가는 근대 시장자본주의의 병폐를 이 땅에서 없애야 한다. 이것은 시도 자체만으로도 21세기 한국이 지닐 중요한 정신문화유산의 하나가 될 것이다.

사 라 지 지   않 는   영 웅

미국 공영방송인 PBS에서 방영한 공익광고 이야기이다. 200여 년 전 독립전쟁 당시, 미국의 한 작은 마을에 살던 어느 평범한 사람이 마을 사람들을 규합해 영국군에 저항했다. 그는 전사했지만, 그의 노력은 미국독립군이 그 지역에서 승리하는 데 중요한 역할을 했다. 현대를 사는 미국인은 오늘의 미국을 있게 한 그의 이름을 기억하고, 사회를 위해 목숨을 희생한 그의 정신을 기려야 한다는 내용이다. 나는 이 단순한 공익광고를 보며 많은 생각을 했다. 교과서에 나올 법한 대단한 장군이나 정치가도 아니고 그야말로 무명용사에 불과한 사람을 좇아 미국인이 본받아야 할 표본으로 삼는다는 것, 그리고 이를 단순

히 연구하거나 기록하는 데 그치지 않고 공익광고를 통해 사람들에게
알려 설득한다는 사실이야말로 오늘날 무수한 비판이 쏟아지는데도
여전히 대표적 발전모델의 하나로 군림하고 있는 미국문명의 힘이라
는 생각이 들었다. 그런 미국의 사고방식과 방송시스템이 부럽기도
했다. 미국인의 잣대라면 한국에서 공익을 위해 희생해 이름을 밝혀
내고 추모해야 할 사람은 수만 명이 넘을 것이다. 일본제국주의의 식
민통치 시절 만주에서 삼베옷을 입고 짚신을 신고 독립운동을 했던
우리의 조상들 모두가 그 속에 포함되기 때문이다. 그런데도 공영방
송국을 몇 개나 가진 우리는 이런 것을 제대로 하지 못하는 실정이다.

미국인의 영웅 만들기는 일시적인 것이 아니라, 하나의 문화적 가
치로 자리 잡아 이미 미국사회의 중요한 특징이 된 듯하다. 초대대통
령인 워싱턴(George Washington)을 비롯해 노예해방자 링컨(Abraham
Lincoln), 달에 첫발을 내디딘 암스트롱(Neil Armstrong), 인권운동가 마
틴 루서 킹(Martin Luther King) 등 유명한 사람이 많기도 하지만, 작은
일이 있어도 영웅 만들기에 주저하지 않는다. 내가 미국에 머물렀던
1990년대 초에도 그들은 이라크의 후세인(Saddam Hussein)이 쿠웨이
트를 침략하자, 이에 맞서 전쟁을 승리로 이끈 파월(Colin Powell) 장군
을 단번에 영웅으로 만들었다. 부시(George Bush) 대통령이 그를 미국
역사상 최초의 흑인 국무장관으로 임명한 것도 이러한 영웅탄생과 무
관하지 않을 것이다. 미국인의 영웅 만들기는 자국 사람에 그치지 않
는다. 그들은 한때 세계에서 가장 존경하는 사람으로 인도의 혁명운

동가 간디(Mahatma Gandhi)를 꼽았고, 1960년대에는 바람직한 삶의 전형으로서 영국 록그룹인 비틀스(The Beatles)를 들기도 했다. 오늘날에도 미국은 기업가이자 자선사업가인 빌 게이츠(Bill Gates)나 방송토크쇼 진행자인 오프라 윈프리(Oprah Winfrey) 같은 사람을 영웅으로 만드는 데 열을 올린다.

사실 영웅 만들기가 미국적인 현상만은 아니다. 과학자가 많은 영국에도 뉴턴과 다윈이 있고, 철학자가 많은 독일에는 칸트나 니체와 같은 영웅이 있다. 중국에는 혁명가 저우언라이(周恩來)나 레이펑(雷鋒)이 있고, 인도에도 간디, 네루(Pandit Jawaharlal Nehru), 테레사 수녀(Mother Theresa of Calcutta)가 있다. 남미에는 국경을 초월해 사회주의 혁명가인 체 게바라(Ché Guevara)를 영웅으로 받들기도 한다. 물론, 우리에게도 영웅이 없는 것은 아니다. 한국사람들이 존경하는 인물에는 이순신, 세종대왕, 김구, 안창호 등이 있다. 진정한 영웅본색을 지닌 전봉준이나 전태일 같은 사람도 있다. 그러나 우리는 영웅 만들기에 너무나 인색하다. 1980년대 군부독재에 저항하고 민주화를 성취하는 동안 최소한 수십 명의 영웅이 탄생하고도 남을 텐데, 우리에게 기억되는 영웅이 없다. 가슴에 손을 얹고 지금 한국에서 정의롭고 바람직한 삶을 사는 전형으로서 누구를 꼽을 수 있는가 하고 자문해봐도 곧바로 떠오르는 사람이 없다. 1990년대에는 서태지가 젊은이들의 영웅으로 떠올랐고, 2000년대에는 히딩크가 영웅대접을 받았다. 그러나 서태지는 한때 특정 세대의 지지를 받았을 뿐이고, 히딩크는 월드컵이 끝나자 우리 가슴에서 빠르게 지워졌다.

사실 우리에게도 영웅이 없는 것이 아니라 발견하고 만들지 않았을 따름이다. 우리 주위에는 작은 영웅들이 무수히 많다. 나는 동시대에 있어서 정수일 교수가 실크로드를 연구한 업적과 박원순 변호사가 시민운동에서 일군 업적은 세계 어디에서도 귀감이 될 것이라고 생각한다. 정수일 교수는 실크로드에 대해 그동안 간과되었던 부분을 복원해 이를 하나의 학문으로 승화시켰다. 사실 자연과학 분야에서는 한국에도 세계적인 학자가 있지만, 인문학에서 세계적인 명성을 가진 학자는 찾아보기 쉽지 않다. 간첩죄로 5년 동안 감옥에 수감되기도 했지만, 그 사실이 그가 위대한 학자임을 부정할 수는 없다(아인슈타인도 소련 출신 여성에게 미국의 군사정보를 넘겼다는 사실이 사후에 밝혀졌으나, 사람들은 이 위대한 과학자에게 간첩이라는 멍에를 씌우지는 않았다). 그는 몸을 움츠리게 하는 감옥의 추위 속에서 몽당연필만으로도 필생의 연구를 계속했다고 한다. 박원순 변호사는 익히 알고 있는 바와 같이 유신정권에 저항하다 대학에서 제적되었고, 이후 독재정권하에서 온갖 고초를 겪으면서도 양심수들을 변호했다. 그는 참여연대, 아름다운재단, 희망제작소로 이어지는 일련의 시민운동을 통해 한국시민운동의 발전에 지대한 공헌을 했다(내가 일본의 여러 시민단체를 방문한 적이 있는데, 가는 곳마다 박원순의 안부를 묻는 질문을 받았다). 오늘날 한국의 시민운동이 세계 수준의 반열에 오른 것은 그를 포함한 뛰어난 운동가들의 역할이 매우 크다. 그를 개인적으로 만나보면 전문지식이나 인격에 있어 흠잡을 데가 없다. 무수한 고난 앞에 단 한 번도 자신의 신념을 꺾지 않고 삶의 한복판에서 힘차게 살아온 그는 진정한 투사라고 할 수 있다.

이렇게 이름난 교수나 시민운동가만 영웅인 것이 아니다. 내가 아는 한 의사도 영웅이라고 할 수 있다. 그는 모든 환자를 우주생명과 같은 존재로 여기고, 전심전력을 다해 환자를 치료한다. 더구나 그는 약이 아니라 의사의 자비심과 환자의 정신이 치유에 결정적임을 깨달은 듯하다. 그래서 그 자신도 다리가 불편하나, 어떤 환자가 언제 찾아와도 최선을 다하며 진지함을 잊지 않는다. 그는 돈을 버는 데도 별로 관심이 없다. 보통 의사들처럼 환자를 많이 받기 위해 1~2분도 채 되지 않아 처방전을 써주고 돌려보내지 않고, 보통 10분 정도 상세하게 체크한다. 병이 심각하지 않으면 처방전을 써주지도 않고 돈도 받지 않는다. 처방전을 써줄 때에는 약의 효능과 한계를 설명해주고, 음식·운동·위생·수면 등이 얼마나 중요한지 이야기해준다. 그가 사람을 치료하는 모습을 보고 있노라면 절로 머리가 숙여진다. 오늘날 위기에 처한 의사윤리에 비춰볼 때 그는 영웅대접을 받을 만하다. 제약사로부터 각종 로비를 받고, 환자를 돈 버는 대상으로 바라보며, 심지어 자신의 편리와 이익을 위해 환자의 몸을 물건으로 취급하는 의사가 부지기수 아닌가(그리고 대부분의 의사는 고객인 환자와 서비스를 제공하는 의사의 관계를 오해하는 착각을 하고 있다).

의사 같은 전문가만 영웅에 해당되는 것이 아니다. 내가 알고 있는 어린이집의 이름 없는 아주머니도 우리의 작은 영웅이다. 어린이집에서 자격증 없이 보모의 보조 역할을 하는 아주머니는 이미 성자(聖者) 수준에 도달한 것 같다. 보살핌의 철학을 깨달은 그녀는 태어난 지 몇 개월밖에 안 된 영아를 포함해 모든 아이를 존중한다. 그녀는 어떤 경우에도 아이들의 희망을 꺾지 않고, 자신이 불편할 때조차 아이들에게 웃음을 잃지 않는다. 세상살이를 하다 보면 아플 때도, 괴로울 때도, 때로는 귀찮을 때도 있다. 그 아주머니인들 그럴 일이 없겠는가. 그러나 아이들의 얼굴을 대하는 한, 그녀는 사랑과 자비를 가슴에 가득 품은 성자로 돌아간다. 그녀가 아이들에게 지극하게 정성을 기울이는 모습을 보고 있으면, 삶은 궁극적으로 모든 것을 인내하며 정성을 쏟는 것임을 깨닫는다. 아무리 높은 지위와 뛰어난 지식과 많은 부를 가진 사람도 그녀를 만나면 고개를 숙이고 교훈을 얻게 된다. 이러니 그녀가 어찌 우리의 영웅이 아니겠는가.

그렇다면, 왜 영웅이 필요한가. 이어지는 이야기가 대답이 될 수 있을 것이다. 밤늦게 서울 강남에 사는 친척집에 가다가 집 앞에서 10대 청소년 수십 명이 서성대고 있는 것을 봤다. 밤 12시가 넘은 시각이었다. 사실을 확인해본즉, 옆집에 어떤 가수가 사는 탓에 여학생 수십 명이 밤새 기다리곤 한다면, 주말에는 지방에서 올라온 학생까지 가세한다는 것이다. 물론, 이것은 현대사회의 대중문화가 미치는 영향이기도 하다. 대중문화가 주는 감각적 쾌락과 경박함에 대한 대중의 무의식적 쏠림이라고 할 수도 있다. 그러나 왜 청소년들은 자신이 좋아하는 스타를 만나기 위해 밤늦게까지 무작정 기다릴까. 그렇게 기다린다 해도 그 가수를 만난다는 보장도 없거니와, 만난다고 해도 손을 잡거나 이야기 나눌 기회를 갖기도 어렵다. 기껏해야 집 안으로 들어가는 가수의 얼굴을 잠깐 볼 수 있는 정도이다. 이는 청소년에게 자신의 욕구를 충족시켜 줄 다른 영웅이 없음을 보여주는 증거이다. 오늘날 청소년들이 모든 것을 바쳐 정열적으로 몰입할 수 있는 것이 어디 있는가. 아침 일찍부터 밤늦게까지 계속되는 그 놈의 공부, 공부, 공부 때문에 가슴을 가득 채우고 있는 것은 스트레스뿐이다.

영웅숭배는 자칫하면 자아를 함몰시키고 파시즘을 초래할 위험을 안고 있지만, 숙명과 고난 앞에서도 굴복하지 않고, 용기와 인내를 가지고 인간 승리를 일궈낸 사람의 이야기는 꼭 필요하다. 우리에게도 존경할 수 있고 삶의 모범으로 삼을 수 있는 영웅이 있어야 한다. 인간은 치열하게 삶을 살면서 고난을 극복하고 승리를 해냈거나, 자신을 희생해 사회 전체이익을 위해 중대한 책임을 수행한 사람에 대해 연민을 느끼고 감동한다(2001년, 일본 전철역 선로에 떨어진 취객을 구하기 위해 뛰어들었다가 희생된 유학생 이수현은 일본열도에 충격에 가까운 파장을 일으키며 자기만 아는 일본인을 크게 각성시켰다고 한다). 대단한 극기나 희생이 아니라도 착한 마음을 가지고 부모봉양에 도리를 다했거나, 봄볕처럼 따스한 아름다운 우정을 나누는 모습에도 찬사를 보낸다. 이런 영웅이 우리 가까이에 많이 있을 때 삶은 좌표를 가지고 나아갈 수 있다. 영웅의 행동에 비춰 우리 자신을 성찰하게 되고, 이려움에 직면해서도 인내하며, 공동체적 책임을 진중하게 받아들인다.

더욱 중요한 것은 인간이 태어나 사회를 배우고 문화를 재생산하는 교육에 있어 영웅의 효용이 크다는 데 있다. 우리 청소년들이 단지 대중문화나 스포츠스타에 기대 자신의 욕구를 괴성과 광란적인 몸짓으로 발산하는 것이 아니라, 자신의 모든 것을 투입해 무한한 잠재력을 발휘할 수 있도록 만드는 것은 그들의 가슴에 영웅이 있을 때이다. 1950년대의 미국인 의사였던 소크(Jonas Salk)는 소아마비 백신을 발견했다. 그 당시 매우 무서운 병이었던 소아마비는 심각한 사회적 손실을 초래했기에 특허를 냈다면 큰돈을 벌 수 있었다. 더구나 미국같이 자본주의가 발전한 국가에서는 자신의 능력을 발휘해 정직하게 돈을 많이 번 사람도 영웅대접을 받는다. 그러나 그는 햇빛을 특허 낼 수 없듯 모든 사람에게 필요한 소아마비 치료약을 가지고 그럴 수는 없다고 하면서, 많은 사람들이 싼 값으로 약을 구입할 수 있도록 했다. 그가 행한 작은 행위 하나가 많은 사람들에게 감동을 준 것은 말할 것도 없다. 죽음연구가인 퀴블러로스는 『인생수업』에서 이 이야기를 소개하면서 자신에게도 같은 기회가 온다면 진정한 행복을 위해 이런 고귀한 행동을 따르고 싶다고 적었다. 본받아야 할 영웅이 주위에 있다는 것은 우리 모두를 영웅적 행동으로 인도하면서, 일상적 삶이 감동으로 넘쳐나도록 만든다.

12

윗물이 맑은 사회

　수백 년 전 프랑스의 어느 도시가 영국군의 침략을 받았다. 순식간에 도시는 혼란에 빠졌고 사람들은 불안에 휩싸였다. 집 안에 숨는 사람, 피난하는 사람, 남의 물건을 훔치고 강탈하는 사람 등 갖가지 현상이 나타났다. 사람들이 불안에 떨고 소극적인 자세를 취할 때, 귀족들은 회의를 열어 도시를 포기하고 도망가는 대신, 정부군이 올 때까지 의용대를 조직해 적과 싸우기로 결정하고는 사람들을 설득했다. 귀족들은 적과 교전하는 최전선에 자신들의 자식을 앞세우기로 했다. 앞장선 젊은 귀족들이 피를 흘리며 죽어갔고, 이를 지켜본 사람들이 사신의 의무를 깨달아 의용군으로 너욱 난결한 덕에 정부군이 올 내까지 도시를 방어할 수 있었다. 프랑스역사에 나오는 일화이다. 귀족은 평소 다른 사람들에 비해 많은 특권을 누린다. 그렇기에 도시나 국가가 위험에 처할 때 가장 먼저 나서서 싸우고 책임을 이행한다. 이것이 바로 노블레스 오블리주(noblesse oblige)이다. 노블레스 오블리주란 '고귀한 신분'의 '도덕적 책임'이란 뜻이다. 다시 말해 사회적으로 높은 신분을 가진 사람은 자신이 향유하는 권리만큼 그에 상응하는 책임을 진다는 것이다.

노블레스 오블리주 전통이 어디에서 생겨났는지는 분명하지 않다. 유명한 일본인 작가인 시오노 나나미(鹽野七生)의 『로마인 이야기』에 의하면, 로마제국시대에 이미 이런 정신이 사회를 지탱하는 중요한 가치로 자리 잡았다고 한다. 로마귀족들은 전쟁이 일어나면 자신의 재산을 사회에 환원하고 스스로 선봉에 서서 용감하게 싸웠다. 로마제국이 1,000년을 넘어 지탱할 수 있었던 것은 이러한 귀족의 희생정신이 있었기 때문이다. 로마건국 이후 500년 동안 원로원에서 귀족이 차지하는 비율이 급격히 줄고, 많은 전투에서 귀족이 사망한 역사기록이 이를 증명한다. 이 전통은 프랑스·독일·영국 등 유럽국가에 계승되어 중요한 사회윤리가 되었고, 나중에는 유럽에서 이주한 사람들이 세운 미국으로 건너가 꽃을 피웠다. 미국처럼 이주자가 세운 국가에서는 중세봉건제도에서 유래한 신분제가 없었기에 귀족도 따로 없었지만, 사회적으로 권력과 부를 가지고 높은 지위에 있는 사람이 앞장서서 공익을 중시하고 부를 사회로 환원하는 모범을 보였다.

한국에도 노블레스 오블리주의 전형이 없는 것은 아니다. 1,000여 년 전에 삼국을 통일한 신라의 화랑에서 그 예를 찾아볼 수 있다. 화랑은 귀족자녀들로 구성된 일종의 청소년수양단체였다. 이 수양단체 구성원들은 신라가 삼국을 통일하는 데 앞장서서 싸웠다. 신라는 삼국통일의 일차 관문인 백제를 공격했지만, 황산벌에서 계백 장군이 이끄는 결사대 5,000명에 가로막혔다. 이때, 김유신은 관창(官昌)을 비롯해 아직 스무 살도 되지 않은 젊은 화랑들을 적진으로 보낸다. 신라 최고의 귀족이었던 이들은 신라의 승리를 위해 피 흘리며 죽어갔다. 또 다른 대표적인 사례는 1600년대부터 살았던 경주 최씨 부잣집이다. "재산은 3대를 못 간다"라는 말이 있다. 그러나 최씨 집안의 부(富)는 최초로 가문을 일으킨 최진립에서 시작해 12대에 걸친 300년을 유지했다. 이렇게 오랫동안 부를 유지할 수 있었던 것은 후손들이 지켜야 할 일종의 생활지침을 만들어놓았기 때문이다. '과거(科擧)를 보되 진사(進士) 이상은 하지 말라', '재산은 만석(萬石) 이상 모으지 말라', '과객을 후하게 대접하라', '흉년기에는 남의 논밭을 사들이지 말라', '시집온 며느리는 3년 동안 무명옷을 입어라', '사방 100리(40km) 안에 굶어죽는 사람이 없게 하라' 등이었다. 최씨 부잣집이 12대 최준에 와서 재산이 모두 없어진 것도 항일운동에 독립자금을 대고 광복 후 교육사업에 전 재산을 바쳤기 때문이었다. 그야말로 부자가 어떻게 살아야 하는지의 전형을 보여줬다고 할 수 있다.

그러나 오늘날 한국에서 사회지도층은 한편으로는 온갖 부정한 방법으로 부를 축적하고, 다른 한편으로는 사회적 책무를 몰래 회피하는 이미지가 강하다. 몇 년 전 사회를 떠들썩하게 한 병역비리가 이를 말해준다. 사회지도층 인사 수백 명이 병무청 담당의에게 뇌물을 주고 자식의 병역면제를 청탁한 사실이 만천하에 드러났던 것이다. 군복무조건이 완화되고 궁극적으로는 징병제에서 벗어나는 날이 와야 하겠지만, 현재로서는 대한민국 남자가 담당해야 할 책임이다. 그렇다면 특권을 누리는 지도층 인사들이 앞장서서 이러한 의무를 행하는 모범을 보여야 하건만, 국회의원, 고위공무원, 기업체대표, 법관, 교수, 의사 등 상위층들이 자기이익만 챙기는 파렴치한 행동을 했다. 지금도 마찬가지이다. 2006년 통계에 의하면, 4급 이상 고위공직자의 아들 및 손자의 병역면제율은 5.9%로서 일반인의 병역면제율 1.9%보다 무려 3배나 높았다.

남들보다 더 좋은 집안에서 태어나고, 머리가 더 좋고, 더 건강하며, 더 높은 지위에 있다는 것은 그에 따른 특권을 누리라는 것만을 의미하지 않는다. 남들보다 뛰어난 만큼 다른 사람과 사회를 위해 더 많이 헌신하고 모범을 보이라는 사회의 명령이다. 그러나 예나 지금이나 국가가 어려울 때 솔선수범해 의무를 행하고 어려운 일을 실천하는 사람은 부도 권력도 없는 민초들이었다. 멀리 갈 것도 없이 1997년 IMF 경제위기가 터졌을 때, 이 땅의 보통사람들은 집 안에 있는 금붙이를 아끼지 않고 내놓았다. 소중한 예물이지만, 국가가 어렵다고 하니까 두말하지 않고 내놓았던 것이다. 그리고 영화 〈실미도〉에 나오는 바와 같이, 남북이 대치하고 있을 때 북한에 간첩으로 보내기 위해 힘든 훈련을 받았던 북파공작원들은 결코 사회고위층 자식들이 아니었다. 그들은 이름도, 힘도 없는 농부나 빈민층의 자식들이었다. 계획이 폐기되자 약속을 무시하고 그대로 방치해 사회에 제대로 적응하지 못하게 만든 것은 이 땅의 잘나고 지위 높은 사람들의 짓이었다.

한국사회는 전통·근대·후근대라는 역사적 시간이 한시대에 공존하는 복합사회이다. 서구사회가 수백 년에 걸쳐 완성한 근대화를 수십 년 만에 압축적으로 달성하면서 많은 혼란이 나타나고 있다. 근대적 형태의 사회에 봉건잔재가 그대로 남아 있는가 하면, 다원적 사회구조나 탈물질적 욕구 등에서는 후근대적 가치가 보이기도 한다. 최첨단 과학기술을 갖춘 국가에서 혈연·학연·지연 등의 연고주의가 판을 치고, 가부장적 의식이나 권위주의적 위계질서가 그대로 남아 있다. 근대적 가치가 제대로 정착되지 못한 탓에 공공성·투명성·법치주의가 제대로 작동하지 않는다. 한국은 선진국에서 얼마간 살다 온 사람에게는 잘 이해되지 않는 이상한 곳이기도 하다. 이렇게 된 데는 사회지도층이 앞장서서 법을 지키고 사회윤리를 실천하는 것이 아니라, 혼재하는 가치에서 자신에게 유리한 것을 골라 기회주의적으로 해석하고 적용한 탓도 있다. 자기에게 유리하도록 어떤 때는 전통적인 위계질서를 강조하는가 하면, 또 어떤 때는 근대적 효율성을 강조하며 사람을 몰아붙이기도 하고, 근대적 가치의 폭력성을 지적하면서 다양한 사고와 욕구를 인정하라고 요구하기도 한다.

과연 한국의 지도층이 자신의 자리를 차지하고 자식이 취직하는데 있어 공정하고 투명한 원칙에 따라 경쟁할까? 한국에서도 대학을 나오지 않았거나 특정 지역 출신인 사람이 자신의 능력만으로 출세할 수 있을까? 많은 이들이 여기에 긍정적으로 대답하지 않는다. 더욱 문제되는 것은 이러한 사회지도층의 태도가 단순히 개인적인 자기방어로 끝나지 않고 각 영역의 지도층 인사들끼리 카르텔을 형성해 공동으로 사익을 추구하며 권력을 유지하려 든다는 사실이다. 카르텔을 통해 챙긴 이익을 대(代)를 이어 물려준다. 자식이 좋은 교육을 받고, 좋은 대학을 나와 좋은 곳에 취직하도록 하고, 또 좋은 집안과 결혼하도록 만든다. 그래서 지도층 인사 대부분은 사돈관계이다. 해방 이후 친일 인사의 재등용, 한국전쟁 이후의 반공이데올로기, 소련붕괴 이후 지속된 냉전의식 등은 (일정한 사회적 필요가 있었다는 것을 부정할 수는 없지만) 결국 지배 엘리트들이 일종의 암묵적 동의를 통해 자기방어를 위한 자구책으로 만든 장치 혹은 이데올로기라고 할 수 있다. 정부고위층이 정책을 만들면 언론이 얼른 맞장구치고, 기업이 그에 맞게 사람을 쓰는 식이었다. 이런 상황에서 일반 시민들은 한편에서는 자기 몫을 챙기기 위해 어떻게든 특권과 연계해 부정행위를 따라하고, 다른 한편에서는 엘리트의 선전에 조작당해 경직된 이데올로기의 선전자 역할을 자임했다.

우리 모두는 정의롭고 공평하며 인정이 넘치는 사회를 원한다. 그런 사회를 만들기 위해서는 무엇보다도 사회지도층에 있는 사람들이 자신의 재능과 그에 따라 획득한 권력 및 재산만큼이나 모범을 보이고 책임질 줄 알아야 한다. 윗물이 맑지 않으면 아랫물도 맑을 수 없다는 것은 만고의 진리이다. 새벽에 약수터에 가거나 오후에 이발소를 가면 사람들이 세상 돌아가는 이야기를 나누는 풍경을 쉽게 만날 수 있다. 이야기는 대개 근거 없는 정보를 가지고 사회지도층을 비판하는 내용이다. 우리 사회가 사회지도층의 도덕불감증으로 말미암아 불신사회가 되었음을 알 수 있다. 동창회의 풍경도 다르지 않다. 동창 중 누군가가 권력을 잡고 돈을 벌었다면, 그것이 어떤 과정을 거쳤느냐에 대해 관대하다. 이 또한 각 분야 사회지도층 인사들이 일상적으로 부정을 저질러온 결과이다. 이러한 사실은 실증조사에서도 그대로 드러난다. 2001년 서울의 중·고등학생을 대상으로 한 조사에 의하면, 학생들의 28%가 뇌물을 써서라도 문제를 해결할 수 있으면 그렇게 하겠다고 응답했고, 33%가 부정부패를 목격해도 자신에게 손해가 되지 않으면 모른 체한다고 응답했다. 심지어 41%가 아무도 보지 않으면 법질서를 지킬 필요가 없다고 했다.

한국이 품격을 가진 세계의 모범국가로 존경받고 그 속에서 사람들이 즐겁게 살아가려면, 사회지도층이 앞장서서 법을 지키고 도덕적인 의무를 행해야 한다. 지도자들이 앞장시시 기부금을 내고 봉사활동을 하면, 많은 사람들이 따르고 청소년들도 본받을 것이다. 사회적 재난이 닥쳤을 때 높은 지위에 있는 사람들이 먼저 손을 내밀면, 보통 사람들도 그들을 따라 어려움에 처한 이들을 도울 것이다. 이렇게 되

면 국가적 위기가 찾아와도 국민들이 단결해 쉽게 극복할 수 있을 것
이며, 계층 간 대결이나 불신이 완화되어 모두가 바라는 풍요롭고 아
름다운 사회를 구축할 수 있을 것이다.

13

느 리 게   살 아 가 는   여 유

여름방학이 되어 조카는 서울에 있는 삼촌 집에 놀러갔다. 삼촌이
많은 돈을 벌어 성공했다는 것은 이미 고향마을에 파다하게 퍼졌다.
삼촌은 서울에 있는 좋은 대학을 졸업한 뒤, 은행에 입사해 10년 동안
여신관리를 담당하면서 터득한 기술로 부동산업에 뛰어들어 큰돈을
벌었다. 그것을 밑천 삼아 중국과 무역해 엄청난 이익을 남겼다. 그래
서 한국과 중국에 여러 개의 공장을 갖게 되었고, 직원도 수백 명에
달했다. 게다가 국방부 납품까지 하고 있어서 사업은 탄탄대로를 걸
었다. 엄청나게 넓은 삼촌 집은 온갖 비싼 가구와 전자제품, 그리고
다양한 첨단장치들로 눈부실 지경이었다. 그러나 조카는 삼촌이 아침

일찍 나가서 밤늦게 들어오고, 집에 들어오지 않는 날이 많아서 제대로 얼굴 보기도 힘들었다. 주말이 되어 서울구경을 할 때도 삼촌은 바쁘다며 함께 가지 못했다. 조카 눈에는 돈도, 직원도 많다는 삼촌이 그렇게 바쁘게 살아가는 모습이 이상해 보였다.

삼촌은 안타깝게도 48세에 과로로 숨졌다. 아직 살아 있는 부모, 아내, 그리고 세 자녀를 뒤로 한 채, 수백억 원이 넘는 재산을 남겨두고 세상을 등지고 말았다. 시골에서 큰돈을 들여 장례식을 성대히 치렀지만, 동네 사람들은 삼촌이 너무 일찍 죽어서 안타깝고 불쌍하다며 입을 모았다. 고향에 발전기금 삼아 여러 번 돈을 냈던 삼촌을 동네 어른들은 칭찬하기도 했지만, 삼촌은 자신이 몸담고 살아가는 사회를 개선하기 위해 기부금 한번 제대로 내지도 않았고, 아이들을 데리고 봉사활동에 참여한 적도 없었다. 국내외로 몇 번 여행을 다녀온 적은 있지만, 가족들과 머리를 맞대고 계획을 세워 테마여행을 한 적도 없었다. 삼촌은 가족들과 함께 공원을 산책하고 가을단풍을 음미하며 여가를 즐기거나, 각종 사회활동에 참여해 도덕적 책임을 이행하기에는 너무 바빴다. 그의 눈앞에 언제나 널려 있던 돈을 놓칠 수가 없었던 것이다. 그래서 가족과 함께하는 시간, 봉사하는 시간, 책 읽는 시간, 지적 토론에 참여하는 시간, 사색하고 명상하는 시간까지 돈을 버는 데 바쳤다. 그러나 결국 그가 최종적으로 다다른 목적지는 따스한 온기라고는 찾아볼 수 없는 싸늘한 무덤이었다.

이같이 전형적인 근대적 삶을 살아가는 사람을 자주 본다. 분별없이 앞으로만 돌진하는 사람들, 여가를 누리지 못하고 오로지 일하는 데 모든 것을 바치는 사람들, 시간을 음미할 줄 모르고 언제나 바쁘게 떠나가는 사람들, 삶을 살아가는 과정 속에서 의미를 발견하지 못하고 성과에 집착하는 사람들이 주변에 흔하다. 더 빨리 달려가서 더 많은 것을 얻고, 더 많이 소비하는 데서 성취감을 느끼는 사람들은 시간과 공간의 여백이 지닌 미학을 이해하지 못한다. 이런 사람들은 농로(農路)를 걸어가는 농부의 느린 발걸음을 저발전이나 뒤처짐의 상징으로 간주한다. 공원을 조용히 거닐며 담소를 나누는 것을 시간낭비와 무능력으로 치부한다. 그러나 들판을 가로질러 자연과 교감하며 걸어가는 농부의 발걸음에는 온전한 평화의 삶이 살아 있다. 그리고 산책하며 나누는 대화에서도 상상력이 넘쳐나고 삶의 의미를 찾아가는 발명이 일어날 수 있다. 목적지도 모르고 생각 없이 달려가는 삶보다는 오히려 의미를 찾으면서 느리게 살아가는 삶 속에 양(量)을 질(質)로, 허식을 가치로 전환하는 진정한 발전이 내재되어 있다.

목적지도 분간하지 않고 의미도 모른 채 앞으로 달려가는 삶에는 언제나 허탈감이 남는다. 무리하게 신호등을 위반하며 달리던 차가 얼마가지 못해 천천히 따라가는 차와 만나는 것을 자주 목격한다. 돈을 벌려고 영악하게 설쳐대는 사람이 어눌하게 천천히 살아가는 사람보다 더 쪼들리는 모습, 오로지 성과에 집착하며 안달하는 사람이 어느 날 중병으로 쓰러지는 경우도 쉽게 발견할 수 있다. 삶이 지향하는 목표란 궁극적으로 인간의 완전한 자유를 실현하는 것이다. 그것은 스스로 선택한 일에 주체로 기능해 개성을 마음껏 발휘함으로써 각자 자기 삶의 주인이 되는 것이다. 그러나 속도와 성과에 집착하는 삶은 언제나 강박감에 시달리며, 시간과 물질의 노예로 전락한다. 이런 삶에서는 자신이 스스로 주인이 될 수 없고, 주인이 될 수 없는 삶은 근원적으로 행복에 이를 수 없다.

오늘날 인류는 과학문명의 발전으로 과거에 비해 물질적으로 풍요롭고 안락한 삶을 누리고 있다. 과학기술이 발달함에 따라 최소한 문명국가에서는 기아에 시달리지 않고 기본적인 의식주문제가 해결되었다. 집에서 TV나 컴퓨터로 각종 문화를 즐기는 등 다양한 문화생활도 할 수 있게 되었다. 또한 원하는 지식이 있으면 전 세계를 이어주는 네트워크통신망을 통해 손쉽게 얻을 수 있다. 게다가 편리한 교통·통신 수단은 외부의 다른 사람과 접촉하거나 소통하는 데 큰 도움을 준다. 이러한 물질적 풍요는 편리한 삶을 제공할 뿐만 아니라, 인간에게 많은 여가시간을 선사한다. 즉, 과학발전은 시간혁명을 통해 인간의 노동시간을 줄이고 놀 수 있는 시간을 창출했다. 그런데도 사람들은 제대로 여가를 즐기지 못하고 성장의 고삐에 매여 앞으로 돌진하고 있다. 조금이라도 뒤처지면 큰일이라도 날 듯 걱정하고, 남들보다 조금이라도 적게 가지고 있으면 패배했다고 생각한다.

더 빨리 가서 더 많이 얻으려는 강박은 신자유주의하에서 세계적인 교류와 무한대의 국제경쟁이 일어나는 오늘날 더욱 커지고 있다. 중국과 같은 사회주의국가에서도 과거의 혁명전사와 같은 영웅은 점점 잊혀져가고, 그 대신 컴퓨터자판 앞에서 촌각을 다투며 주식에 투자해 돈을 많이 번 사람이 새로운 영웅으로 떠오르고 있다고 한다. 이러한 경쟁문화 속에서 사람들은 더 많이 벌어, 더 많이 소비하는 데 집착한다. 그러나 무한경쟁에서 살아남으려 발버둥치는 모습이 인간이 추구하는 행복일 리 없다. 한 발짝만 물러나서 생각해보면, 인간이란 존재가 결국 허무로 끝날 물질적 성공 여부에 휘둘리는 존재가 아님을 알 수 있다. 세계화국면에서 치열하게 일어나는 경쟁은 프랑스 사회학자 부르디외(Pierre Bourdieu)가 지적한 것처럼, 두 열차가 마주보며 달려오는 양상으로 결국 인간을 파멸로 이끈다. 세계화가 다양한 장점을 갖기는 하지만, 그 속에 위험한 광기의 철학이 내재되어 있음을 간파해야 할 이유도 여기에 있다.

우리는 이 시점에서 근대계몽주의에 대해 근본적인 물음을 던져야 한다. 근대성은 인간 이성을 통해 합리적 사고를 발전시킨다. 이를 통해 과학기술을 발달시켜 자연을 철저하게 이용하고, 그 속에서 개인의 물질적 성장을 이뤄 소비를 증대시킨다. 이 속에서 타자를 철저하게 배제하고 자연을 착취했다. 자신의 정체성에서 타자를 몰아낸 자아는 결국 설 자리를 잃고 정작 자신의 존재의미마저 상실했다. 타자의 부정은 결국 자아가 존재할 토대를 와해하기 때문이다. 게다가 자연을 정복하고 착취하는 행태도 거대한 재앙으로 되돌아오고 있다. 자연을 정복의 대상으로 여기는 인간은 결코 그 싸움에서 이길 수 없다. 자연은 부쟁의 대상이 아니라 인간이 상생하고 공존해야 할 존재이기 때문이다. 속도의 경제학을 통해 무한성장을 질주하는 것이 인간해방을 가져오지는 못한다. 인간이 과학발전을 통해 빈곤에서 벗어나 물질적 풍요를 누릴 수 있는지는 모르지만, 이는 또 다른 형태의 구속을 가져왔다. 더구나 자아실현의 정치에서 본다면, 근대적 의미의 속도전쟁으로는 자아를 실현하며 자기를 완성할 수 없다. 오히려 모든 것이 자본에 의해 파편화 · 상품화되어 황폐해진 삶으로 미뤄보건대, 지금 상황은 인간의 총체적 자유가 실현되는 궁극적 완성으로부터 더욱 멀어져가고 있다.

이제 사람들은 회귀를 열망한다. 이웃 공동체에서 오순도순 살아가던 전통이 그립고, 그리운 친구를 만나 다소곳이 담소 나누며 자연을 벗 삼아 술잔 기울이던 시절이 그립듯, 아득한 옛날 청정하고 자비로웠던 생명의 본원을 그리워하고 있다. 루마니아 철학자 엘리아데(Mircea Eliade)가 밝힌 바와 같이, 고대인들은 각종 제의(祭儀)를 통해 아득한 시간의 신화적 순간을 재현함으로써 초월적 실재와 원형으로 영원회귀하려고 했다. 이제 현대인들은 온전한 삶, 즉 궁극적 자유를 누릴 수 있는 삶으로의 영원회귀를 갈망한다. 이것은 성과와 축적에 집착하는 속도의 삶에서 한 발 벗어나 자기의 존재적 깊이를 성찰하고, 타자의 삶에 적극적으로 개입하며, 각종 사회활동에 참여하는 실천 속에서 가능하다. 개발한답시고 무조건 땅을 뒤엎기보다는 잠시 굴착기의 엔진을 끄고 자연의 소리에 귀를 기울이며 대화를 나누는 것만으로도 삶은 아름다워질 수 있다. 21세기에 모두가 바라는 풍요로운 삶을 살기 위해서는 경건한 마음으로 자신과 주위를 돌아보며 천천히 나아가는 여유가 필요하다. 그런 여유가 생활 곳곳에 살아 숨 쉬는 한국사회가 된다면 우리의 삶은 더욱 윤택해질 것이다. 이제 우리는 앞다퉈 보산(寶山)으로 달려가 더 많은 보물을 가져오는 것에만 집착하지 말고, 그 보물을 어디에 쓸 것인지 생각하면서 살아가는 삶을 누려야 한다.

서쪽으로 움직이는 태양

　　한국에서 미국과 일본이 축구경기를 벌인다면 한국사람은 어느 편을 응원할까? 미국·일본·북한 등이 참가한 가상경기에서 한국사람이 심리적으로 누구를 지지하는가에 대해서는 이미 여러 차례 조사한 바 있다. 북한에 대한 적개심은 최근 10여 년 동안 상당히 누그러졌고, 일본에 대한 증오심도 많이 완화되었다. 반면 미국에 대한 반감은 높아졌다. 특히, 2003년 미국의 이라크침략이 지식인사회에서는 결정적이었다(미국이 이라크침략으로 입은 손실은 사망자 수천 명, 부상자 수만 명, 전쟁비용 수조 달러에 그치지 않는다. 단 한 번의 실수로 미국이 잃은 상징적 비용은 금전으로 계산할 수 없고, 그 행위가 초래한 그늘도 수십 년 동안 미국을 어둡게 할 것으로 보인다). 그래도 상대가 일본이라면 상황이 좀 다르다. 아직도 한국사람들은 일본보다 미국을 더 많이 응원하는 것으로 나타난다. 그만큼 일본이 한국을 강점하는 동안 저지른 잘못과 그에 대해 반성하지 않는 오만한 태도가 크게 작용하는 듯하다.

그런데 미국과 일본의 스포츠경기가 미국에서 벌어지면 미국에 거주하는 한국사람이나 동양인은 누구를 응원할까. 내 경험으로 볼 때 일본을 응원한다. 강대국 미국에서 일본은 여전히 약자이고 도전자처럼 느껴지기 때문이다. 그런 점에서 우리와 같은 입장이다. 일본의 승리는 우리도 미국을 이겨 서양을 넘을 수 있다는 가능성으로 이어진다. 스포츠뿐만 아니라 경제·과학·학문·문화 등 거의 모든 면에서 그렇다. 그래서 일본의 선전(善戰)에 대해 미국의 한국사람들은 박수를 보낸다. 1980년대 말 일본의 노무라연구소를 비롯한 각종 싱크탱크와 미국의 유명한 경제연구소들이 영토는 미국의 20분의 1, 인구는 미국의 절반가량에 불과한 일본의 경제력(GDP)이 곧 미국을 따라잡는다는 보고서를 내놓은 이래, 미국 부동산의 10%가 일본인의 손에 들어갔다. 이때 일본의 약진을 본 한국도 고무되어 더욱 자신감을 갖곤 했었다.

지난 수백 년간 우리의 모든 것을 지배해온 서구근대성에 대해, 서구사회 외부는 물론 내부에서도 이미 오래전부터 비판이 이뤄졌다. (그리고 최근 동양사상과 동양고전에 대한 관심이 늘어나면서) 서구자본주의와 패권주의를 극복할 수 있는 대안을 동양정신에서 찾기노 한나.

1950~1960년대 일본의 경제적 기적, 1960~1970년대 한국을 비롯한 동아시아 신흥공업국(NICs)의 급속한 경제성장에 이어, 최근 10여 년 동안 중국의 급속한 경제발전과 동남아시아 각국의 인상적인 성장을 통해 사람들은 동양, 특히 동아시아나 동북아시아의 가능성을 확인하게 되었다.

서구근대성에 내재한 폭력과 편협성은 비판받아 마땅하고, 인간적 삶을 위해서는 어떤 방식으로든 재구성되어야 한다. 동양고전이 각광받는 이유는 여기에 있다. 동양고전에서는 폭력·불평등·소외가 만연한 현대사회에서 현실을 뚫고 나아가 새로운 전망을 안겨주는 통찰과 직관이 담겨 있다. 최근 유가사상이나 노장사상, 나아가 불교·힌두교·동학·기학 등에 대한 관심은 비단 동양뿐만 아니라, 서양에서도 활발하게 일어나고 있다. 또한 경제적 발전이나 역동성의 측면에서 본다면 물줄기는 이미 미국에서 일본·중국·한국이 있는 동북아시아로 방향을 틀었다고 볼 수 있다.

그러나 서양을 넘어선다는 것은 그리 만만하지 않다. 경제적인 측면만 본다면, 늦어도 2050년에는 미국의 GDP를 초월하게 될 중국과 일본·한국을 포함하면 이 지역이 유럽연합(EU)이나 북미자유무역협정(NAFTA)을 넘는 세계 최고의 경제공동체가 될 것으로 보이지만, 그것만으로 미국을 추월했다고 단언할 수는 없다. 경제는 단순히 GDP만으로 따질 수 없다. 개인의 소득과 창의력, 정치·경제 제도, 과학적 인프라, 문화적 속성 등 모든 것과 관련되어 있다. 이 점에 있어 미국이 축적한 역량은 대단하다. 결코 몇십 년 만에 쉽게 형성될 수 있는 것이 아니다. 또한 미국을 비롯한 서양은 경제나 과학뿐만 아니라 정치제도, 학문적 역량, 사상의 심원함 등에서도 도저한 깊이를 자랑한다. 특히 그들이 민주적이고 효율적인 사회를 떠받치고 있는 지적·제도적 토대뿐만 아니라, 비판과 성찰을 내포한 사회문화를 지녔다는 것은 큰 장점이다. 서양은 무비판적으로 추종하거나 강압적으로 실행하지 않고, 하나하나 따져보는 데 익숙하다. 무수한 토론과 비판을 거쳐 합의를 도출하고 보편적 원리를 창출한다. 이렇게 합의된 보편도 새로운 것을 발견하려는 지속적인 노력과 그에 따른 성과에 의해 무너지고, 이를 통해 다시 새로운 원리를 구축하는 변증법의 원리 하에서 발전해가는 내적 역량을 가졌다.

서양을 알면 알수록 겁이 난다. 서양인들은 철저한 합리주의와 과학정신에 기초해 만든 강한 토대 위에 집을 짓는 사람들이다. 그들이 만들어놓은 과학문명만 해도 엄청난 성과이다. 그러나 그들은 여기에서 그치지 않는다. 개인주의·자유주의·자본주의·민주주의에 기초해 과학을 발전시키고, 정치제도를 만들고, 경제적 성취를 이룬 것이 서양의 역사이기 때문에 인간존재나 내면적 가치에 대해서는 사고가 빈약할 것이라고 단정하기 쉽다. 그러나 서양의 과학과 사상을 자세히 들여다보면 그들은 철저하게 인간의 내면과 절대성에 대해 고민하고 연구했다. 그리고 우주론에서도 단순히 역학적 우주를 연구하는 것에 그치지 않고, 그 질서가 인간존재나 자연계와 어떤 관계를 갖는

지를 철학적으로 연구하는 것에도 게으르지 않았다. 정치·군사·과학뿐만 아니라 철학·종교·사상에 있어서도 그들은 우리보다 앞서 있다.

그러나 문명의 중심은 분명 서쪽으로 움직인다. 수백 년 넘게 유럽을 비춘 태양은 20세기 중반 대서양을 건너가 수십 년 동안 미국을 비추다가, 21세기 초 태평양을 건너 아시아로 오고 있다. 한 문명의 흥망과 성쇠에는 분명 일정한 주기가 있게 마련이다. 지난 수백 년 동안 세계사는 곧 서양의 역사였고, 보편 원리는 곧 서양과학의 성과물이었다. 동양은 신비롭기는 하지만, 미개하고 불합리한 정체(停滯)의 대명사였다. 중국과 같은 대국(大國)도 서양의 위세에 눌려 무릎을 꿇었고 대포와 총의 위력 앞에 고꾸라졌다. 그런 동양, 아시아, 동북아시아가 경제성장이나 과학의 발전뿐 아니라, 한 시대를 이끄는 사상과 철학에서 희망적인 전망을 보여주고 있다. 특히 인간다운 삶을 위한 지혜를 어디에서 어떻게 얻을 것인가에 있어 시계추는 벌써 동양쪽으로 기울었다. 이제 서양과 동양을 중심과 주변의 잣대로 구분하는 것은 구시대의 관념에 지나지 않는다.

인간은 어떤 존재인가. 어디서 왔고, 어디로 가는가. 인생은 어떻게 살아야 하고, 인간은 궁극적으로 무엇을 원하는가. 이는 인간의 근원적 문제인 실존문제이다. 어떤 답을 하는지에 따라 현재가 규정되고 미래의 방향이 결정된다. 생명, 자아와 타자, 인간과 자연, 인간과 우주 등의 문제를 두고 새로운 문명의 패러다임을 논할 때, 그 핵심에는 '관계'와 '융합'이라는 두 개념이 있다. 먼저 관계의 측면을 보면 나, 인간, 내가 속한 집단, 국가, 지구는 타자, 자연, 다른 집단, 다른 국가, 우주와 일정한 관계를 맺고 있다. 그러므로 '나'는 타자를 무시하거나 배제하고는 결코 존재할 수 없고, '인간'은 자연을 착취하고서는 결코 행복에 이를 수 없는 존재이다. 그 다음 융합의 측면을 보면 이성·물질·육체가 아무리 중요한 요소이더라도, 각각 감성·정신·영성과 결합할 때에야 인간적인 삶이 가능해진다. 나아가 성장과 분배, 개발과 보존, 남성과 여성, 동양과 서양, 인간과 자연, 지구와 우주 등처럼 대립적·이원적 요소의 융합이 있을 때 사회는 조화롭고 인간은 자아를 실현해 완성의 길로 나아갈 수 있다. 이러한 관계와 융합의 새로운 삶과 문명을 위한 사상적·실천적 원천은 동양정신에 풍부하다.

21세기, 동아시아 혹은 동북아시아 국가들은 서구근대성을 극복하고 인간다운 문명을 건설하라는 사명을 부여받고 있다. 한국도 자기완성을 통해 궁극의 행복을 영위하는 삶을 실현해야 한다는 역사적 과업에서 볼 때, 세계사의 방향을 전환하는 데 아무런 기여도 할 수 없는 무기력한 존재가 아니다. 새로운 문명을 전망하고 이를 실현할 구체적 수단에 대해서는 이미 뜨거운 논쟁이 시작되었다. 우리는 서양과학을 받아들이고 그들의 사상을 비판하는 데 그치지 말고, 그 자양분을 창의적으로 발전시키고 서구사상을 변증법적으로 발전시켜야 한다. 이를 위해 새로운 문명에 필요한 자원을 동양의 수원(水源)

에서 길어 올려야 한다. 그러려면 우선 무수한 단체를 만들어 공부하고, 토론하고, 비판하는 공론장의 구조를 가져야 한다. 여기에 기초해 자기수정과 더 높은 수준으로 나아가는 톨레랑스(용인) 문화가 필요하다. 그래서 우리는 편협성에 갇혀 고민하거나 자족하는 것이 아니라, 타자를 인정해 파트너로 받아들이며, 나아가 세계시민의 이상을 가지고 중대한 지구적 과제에 공동 대응해가야 한다. 그래서 우리의 삶의 과정에서 인류복리와 세계평화를 어떻게 증진시킬 것인가를 고민하고 연구하는 대승적 노력이 필요하다(이런 노력이 있을 때 한국은 품격을 가진 국가가 될 수 있고 세계로부터 신뢰를 얻을 수 있다).

한국은 지금 온통 진흙탕이어서 씨앗조차 뿌릴 수 없는 혼란과 빈곤이 만연하는 것 같기도 하다. 시대에 뒤처진 편협과 시대를 역행하는 모순이 도처에 있다. 그 반면, 우리는 관계와 융합의 사상에 뿌리를 뒀기에, 과학과 경제, 사상과 철학, 그리고 문화에 있어 세계문명의 방향전환에 일정하게 기여할 수 있는 잠재력도 가지고 있다. 지금 우리에게 필요한 것은 분명한 체계적 질서와 명징한 단순함이 아니다. 오히려 동서양을 아우르는 무수한 원리·사상·제도에 대한 탐구·발표·토론·비판·반비판을 거쳐 변증법을 통해 계속 나아가는, 복잡한 교차와 다기적(多岐的) 혼란이다. 이러한 복잡과 혼란 속에서 사상적 풍요와 아름다운 질서가 나올 수 있다. 그리고 이는 단순히 철학과 사상만이 아니라, 과학과 기술 영역에 영감을 제공하고 창의를 부여할 것이다. 이것이야말로 새로운 문명을 향해 시간을 뚫고

나가는 르네상스 기운이다. 이 기운이 넘쳐흐를 때 우리는 진정 풍요
롭다고 할 수 있다.

자 원 봉 사 의   천 국

　　말끔하게 차려입은 40대 남자가 서울에서 전철에 올랐다. 그는 지금 부산출장을 위해 서울역으로 가는 길이다. 퇴근시간이라 전철 안은 다소 붐빈다. 그는 책을 읽으며 서 있다. 어떤 사람이 그의 구두를 밟았다. 그러나 그는 전혀 내색하지 않고 계속 책을 읽는다. 신발을 밟은 이가 미안하다는 표시를 해도 전혀 개의치 않는다. 서울역에 도착해 부산으로 향하는 고속전철(KTX)을 탄다. 자유석에 앉은 그의 옆에는 60세 정도의 부인이 서 있다. 그녀도 자유석 표를 가지고 있다. 두 사람 모두 자유석이 무엇인지 모르고 표를 끊었고, 오늘에야 그것이 한두 차량에서 선착순으로 자리 잡는 것임을 알았다. 15분쯤 지나

숨을 돌린 그는 부인에게 자리를 양보했다. 3시간가량 걸리는 부산까지 부인이 계속해 서 있을 수는 없는 일이다. 물론, 온종일 힘든 일을 한 그도 서서 갈 수만은 없었다. 45분쯤 지나자 부인이 다시 그에게 자리를 양보했다. 그는 아직 괜찮다고 했지만, 부인도 앉아 있기 미안했다. 그래서 그는 한 시간을 15분과 45분으로 나눠 자신이 앉아가는 15분 동안 부인은 서 있고, 부인이 앉아가는 45분 동안 그가 서서 가기로 했다. 그것만으로도 부인은 너무나 고마워했다(기차는 대구를 지나면서 자리가 많이 비어 둘 다 나란히 앉아 부산까지 갈 수 있었다). 부산에 도착해 문 앞으로 나가자 커다란 가방을 3개나 가진 채 열차의 문이 열리기를 기다리는 50대 남자가 있었다. 그는 먼저 내린 뒤, 가방 2개를 플랫폼에 내려주고 자신의 길을 바쁘게 걸어간다. 그의 뒤에서 감사하다는 말이 들려오지만 그는 듣는 둥 마는 둥이다. 택시승강장에 가니 80대 할머니가 택시를 기다린다. 택시를 세운 할머니가 가까스로 몸을 실었다. 그는 택시로 다가가 조심스럽게 문을 닫아준다.

세상에는 이런 사람들이 많이 있다. 붐비는 전철이나 버스 안에서 깨끗하게 닦은 구두가 더럽혀지거나 발이 아프면 당황스러울 때도 있지만, 그것은 차가 붐비기 때문에 의도와 관계없이 일어나는 일이다. 화를 낸다고 해서 구두가 깨끗해지는 것도 아니고, 상대방으로부터 분명하게 사과를 받아낸다고 해서 아픈 발이 바로 낫지도 않는다. 그래서 일상에서 범할 수 있는 작은 실수라고 생각하고 서로 이해한다. 차 안에서 나이든 사람에게 자리를 양보하는 것은 한국의 미풍양속 중 하나이다. 차에서 내려 다른 사람의 짐을 들어주는 것도 어려운 일이 아니다. 과거 비슷한 상황에서 다른 사람의 도움을 받은 적이 있는 사람은 그 간단한 도움이 얼마나 고마운지 잘 알기 때문에 자신이 도울 수 있는 기회가 오면 스스럼없이 행한다. 노인을 대신해서 택시문을 닫아주는 것도 그런 상황에 있는 사람이라면 누구나 쉽게 할 수 있는 일이다. 하지만 이런 일을 자주 보지는 못한다. 호텔 앞에서 제복을 입은 수위에게 인사받는 것을 즐기는 사람이 많은 것처럼, 전철 안에서 발이 밟히면 그다지 아프지 않은데도 상대방의 사과를 받아야 직성이 풀리는 사람이 있다. 작은 양보와 선행으로 모두의 삶을 풍요롭고 아름답게 할 수 있지만, 대부분의 사람들은 이런 배려를 제대로 배운 적이 없다.

그렇다면 이 40대는 다른 이와 비교해 어떤 점이 다를까. 그는 가는 곳마다 자신이 행할 수 있는 작은 선행을 행한다. 특별하게 선행을 한다고 의식하지 않기에 인사를 듣거나 칭찬받는 것에도 크게 관심 두지 않는다. 마치 바람이 불고 물이 흐르듯 자연스럽게 자신이 있는 곳에서 다른 사람과 함께한다. 그리고 그 과정에서 정신적 존재로서 고요한 평화를 느끼고, 행동하는 매 순간 삶의 의미를 발견해간다. 그가 어떤 철학과 생활배경을 가졌기에 이럴 수 있을까. 그도 남들처럼 가정을 꾸리고 직장생활을 한다. 그는 한국인의 주당 평균노동시간인 50시간보다 훨씬 많은 60시간 정도를 일한다. 주말이면 가족들과 놀이와 문화생활을 즐기고, 1년에 몇 번씩 가족이나 친구들과의 여행을 계획한다. 자투리 시간을 모아 책을 읽고 이웃들과 의미 있는 모임도 한다. 이렇게 바쁜 와중에도 그는 매주 3시간가량의 봉사활동을 빠뜨리지 않는다. 종교단체나 각종 NGO를 통해 몇 년간 봉사활동을 해왔고, 아프리카·남미·아시아 각국에도 여러 번 국제봉사활동을 다녀왔다. 얼마 전부터 자녀들과 함께 봉사활동 하는 시간이 늘고 있다.

인간은 왜 남을 위해 봉사하는 삶을 살아야 할까. 2001년 9월 11일은 세계의 많은 사람들이 놀란 날이기도 하지만, 특히 미국사람들에게 너무도 당황스럽고 비극적인 날이었다. 미국은 세계에서 가장 많이 전쟁을 치르는 국가이지만, 자국 영토 내에서는 가장 적은 전쟁을 경험한 나라에 속한다. 이 날까지 일본으로부터 불시에 진주만을 공습당한 적을 제외하고, 미국본토가 외부의 적에 의해 공격당한 적은 없었다. 유나이티드 항공 93기도 이 날 다른 비행기 3대와 함께 납치되었다. 비행기를 탄 승객 45명과 승무원들은 이 절박한 순간에 어떻게 행동했을까. 그들 대부분은 납치된 다른 3대의 비행기 중에서 2대의 비행기가 뉴욕의 자유무역센터 건물과 충돌했고, 나머지 비행기는 워싱턴의 국방부건물과 충돌했다는 사실을 알았기에, 자신들이 탄 비행기도 같은 처지가 될 것임을 짐작하고 있었다. 미국의 디스커버리 채널(Discovery Channel)이 조종실의 녹음 내용을 기초로 재구성한 바에 의하면, 죽음을 목전에 둔 가공할 만한 공포의 순간에 사람들이 보인 유형은 크게 세 가지였다. (누구나 예측할 수 있듯이) 당황해 제대로 정신을 차리지 못하는 사람들과 절대자에게 구원을 요청하는 사람들이 있었다. 그리고 가장 많았던 세 번째 유형은 자신이 알고 있는 사람에게 전화해 대화하는 사람들이었다. 인간은 절체절명의 순간에 가족을 비롯해 가장 가까운 관계를 맺고 있는 사람들에게 연락해서는 위로하고 위로받고자 했다.

나약한 존재인 인간은 홀로 살아갈 수 없다. 소우주로서 한 인간이 가지고 있는 능력과 힘은 엄청나지만, 혼자서는 그러한 힘을 발휘할 수 없다. 발휘한다고 하더라도 의미를 갖지 못한다. 몇 년 전 여성 탤런트 한 사람이 자살했을 때, 선배 배우들이 TV에 나와 후배들에게 이렇게 말하는 것을 봤다. "죽을 때 죽더라도, 죽기 전에 꼭 전화 한 통이라도 하렴." 매우 의미 있는 말이다. 인간은 세상에 자신을 알아주는 사람도, 친구도 없을 때 죽음을 택한다. 따라서 우리는 서로에게 관심을 가지고, 나이에 관계없이 친구가 되어주고, 어려움에 처한 사람에게 위로의 말을 건넬 아량을 가져야 한다. 인간은 다른 사람과 더불어 삶을 영위하면서 서로 도우며 살도록 되어 있다. 따라서 자원봉사는 프랑스 성직자 프랜시스(G. Francis)의 말처럼, 인간의 본질적 욕구이자 책임이라고 할 수 있다. 자원봉사는 어떠한 대가도 바라지 않고 타인의 삶에 적극적으로 개입해 돕는 행동이다. 그러므로 자원봉사는 인간을 존중하는 정신에 기초해 개인의 자발성을 투입하고 잠재력을 계발하는 자유로운 행동의 극치라고 할 수 있다. 인간은 조건 없이 타자를 위해 봉사함으로써 삶의 보람을 느끼고, 인격의 성숙을 도모할 수 있으며, 정신건강을 향상시킬 수 있나. 정신과 의사가 우울증

환자에게 자원봉사를 해보도록 처방하고, 자원봉사를 하는 사람이 일 반적으로 더 건강하게 오래 사는 이유도 여기에 있다. 자원봉사에는 인간이 가진 고귀한 인류애의 충동과 위대한 문명발전에의 약속이 녹 아 있다.

자원봉사가 인간에게 삶의 청량제가 된다는 것은 여러 연구에 나 타나 있다. 여기서는 두 가지 예만 들어보자. 60세가 넘어 은퇴한 할 아버지와 할머니들로 구성된 봉천연극단이 있다. 이 연극단은 인형극 을 연습해 저소득층 동네의 어린이집과 고아원 등을 돌아다니며 공연 한다. 인형극이 너무나 재미있기 때문에 연극단이 무대에만 서면 아 이들이 야단이다. 인형극이 끝나면 연극단의 할아버지와 할머니는 오 빠부대와 누나부대 속에서 일대 스타가 된다. 상황이 이쯤 되면 즐거 운 것은 아이들이 아니라, 오히려 봉사활동을 하는 할아버지와 할머 니들이다. 이들의 삶은 아이들에게 더 즐거움을 선사하려는 데에서 오는 자기계발과 아이들의 웃음 및 환호에 늙는 줄도 모를 만큼 만족 으로 가득하다.

스무 살 여대생은 대학생활에 별 재미를 느끼지 못하고 있었다. 대 학에서 일상적으로 하는 학과·취직공부, 연애, 놀이 등 어느 것에도 만족하지 못했다. 자신의 정체성을 확립하지 못하고, 인생의 목적을 정하지 못한 채 방황했던 것이다. 이래선 안 된다고 생각했던지 그녀 는 부모가 반대하는데도 휴학하고는 국제봉사NGO 소속으로 아프리 카에 가서 1년간 봉사활동을 하고 돌아왔다. 대학에 복학한 그녀의 생활은 완전히 바뀌어 활력과 의지로 넘쳐났다. 인생의 목적을 정립하고 삶의 의미를 발견하게 된 것이다. 이후 그녀는 열심히 공부해 지금 미국 뉴욕에 있는 UN 기구에서 제3세계 여성의 삶을 개선하겠다는 사명으로 힘차게 일하고 있다.

　한번 상상해보자. 전국에 수많은 자원봉사단체가 설립되어 남녀노소 할 것 없이 봉사활동에 나선다. 유치원 어린이는 양로원을 찾아가 노래하고, 청소년은 환경청소를 하며, 대학생들은 배낭을 메고 아프리카로 간다. 주부들은 지역사회의 복지관·양로원·고아원에서 노인·어린이·환자를 돌보고, 장년들은 야간에 공공기관에서 청소년을 선도하기 위해 순찰을 돌며 범죄를 줄이는 데 기여한다. 은퇴한 노인들도 각자의 고유한 기술을 발휘해 이웃집을 돕거나, 어린이부터 노인까지 모든 연령의 사람들을 위해 봉사활동을 한다. 아침에 초등학교 앞 횡단보도에서 손깃발을 들고 교통지도를 하는 학부모, 의료기와 약을 들고 벽지를 돌며 노인을 돌보는 의사, 밤에 이주노동자를 상대로 한글을 가르치는 교사, 병원에서 죽음을 앞둔 사람과 대화하는 호스피스, 동네 독거노인을 찾아가 말벗이 되거나 음식을 제공하는 주부 등 모두는 우리 사회를 풍요롭게 만드는 사람들이다. 나아가 아프리카·아시아·남미에서 가난한 지구촌이웃을 돕고 그들의 필요를 채우기 위해 애쓰는 것은 지구 문명발전에 기여해야 할 우리의 사명을 이행하는 것이다. 우리가 자원봉사를 할 영역은 곳곳에 널렸다. 전국의 수많은 단체에서 수많은 사람늘이 서로서로 도움이 필요한 이들을 도우러 나선다면, 그것은 우리 사회와 지구를 더욱더 평화롭고 아름다운 곳으로 만들 뿐만 아니라, 많은 사람들이 삶의 보람을 느끼며 더 윤택한 삶을 누릴 수 있게 할 것이다. 의미 있고 윤택한 삶은 자신의 좁은 테두리에 갇혀 폐쇄적인 공간에서 감각적 쾌락만을 즐길 때가 아니라, 개방된 사회에서 남을 위해 일정한 책임을 이행할 때 가능하다.

세계에서 자원봉사활동이 가장 활발한 미국은 성인의 55%가 주당 평균 4시간 정도 봉사활동에 참여한다. 이것을 화폐가치로 따지면 미국 GDP의 2%에 해당한다. 우리나라는 성인의 16%가 주당 평균 2시간 정도 봉사활동에 참여하는데, 이는 OECD 국가 중에서 최하위수준이다. 우리나라에도 자원봉사활동이 더 많이 일어나고 촉진될 수 있도록 해야 한다. 관련된 법을 정비하고, 다양한 형태의 교육을 실시하며, 이를 위한 시민운동을 활발하게 추진해야 한다. 자원봉사 천국의 성패는 자원봉사를 활성화하는 문화를 만들 수 있는지가 관건이다. 이를 위해서는 우선 사회지도층과 기성세대가 앞장서야 한다. 그리고 사회 각계의 지도층 인사가 스스로 타인에 대한 책임을 행함으로써 청소년들에게 모범을 보여야 한다. 앞으로 한국의 지도자가 되려고 하는 사람은 세금을 제대로 냈는지를 검증하는 것처럼 남을 위해 얼마나 봉사했는지도 점검해야 한다. 그리고 매년 자원봉사의 날에는 대통령도 작업복을 입고 온종일 봉사활동을 하는 모습을 볼 수 있어야 한다. 또한 미국처럼 청와대에 대통령 직속 청소년봉사단을 창립해 자금을 지원하고 그들의 봉사활동을 촉진하는 방안도 생각해볼 일이다. 각종 공공기관·교육기관·종교단체·복지단체·시민단체, 나아가 기업에서도 정기적으로 봉사활동을 해 사회적 원조와 연대의 거대한 불기둥이 전국 방방곡곡에 피어오르도록 해야 한다. 이런 사회가 바로 우리가 원하는 풍요로운 사회이다.

16

사 회 로   환 원 되 는   유 산

15년 전 미국에서 유학하던 시절의 이야기이다. 같은 연구소에 근무하던 사람이 이사하게 되어 도와주러 갔다. 부자인데다가 멀리 이사해야 했던 그는 고급스러운 가구와 좋은 전자제품들을 대부분 남기고 가기로 했다. 유학생이었던 우리는 그중에서 각자 필요한 물건을 가져가기로 했다. 모두들 필요한 가구, 마음에 드는 전자제품을 고르느라 신났다. 그런데 집주인은 남은 물품을 다 가져가지 말고 각자 한두 개씩만 가져가라고 했다. 나머지는 그 지역사회에 있는 복지센터로 보내야 한다는 것이었다. 미국사람들은 이사하면서 남겨두는 물품들까지도 지역사회에 기부하는 데 익숙하다는 사실에 크게 놀랐다.

이런 모습들은 나중에 다른 곳에서도 확인할 수 있었는데, 내가 만났던 사람들 대부분이 자기 소득의 5% 안팎을 기부하고 있었고, 그것을 당연하다는 듯이 이야기하는 것을 보고 또 한 번 놀랐다.

세계에서 가장 부자인 컴퓨터 소프트웨어 업계의 일인자 빌 게이츠가 자신의 재산 대부분을 비영리재단에 기부하고, 여생을 자선사업에 전념하겠다고 선언해 우리의 관심을 끈 적이 있다. 기업가로서는 아직도 젊기에 더 많은 부와 권력을 행사할 수 있는데도, 그는 자선사업가의 길에 들어섰다. 2005년을 기준으로 한다면 미국 성인의 98%가 1인당 한 해 평균 약 120만 원 정도의 기부금을 낸다. 한국은 2000년까지만 하더라도 개인 기부금이 1년에 겨우 5,000원 정도였고, 최근에 크게 성장한 것이 성인 50% 정도가 1인당 한 해 평균 6만 원 정도를 기부금으로 내는 정도에 불과했다. 그나마 이 정도의 개선도 최근 시민운동의 영향 때문이다(심지어 유산을 물려주지 않는 것을 목적으로 활동하는 시민단체도 있으니 말이다). 미국인의 개인평균소득이 한국인보다 2.5배 많다는 것을 감안하더라도, 여전히 우리는 공공이익이나 사회적 약자의 안전을 위해 기부금을 내는 데 인색하다. 공동체정신을 강조하고 인정 많은 나라로 알려진 우리의 이미지와 실제 상황은 정반대이다.

자본주의가 발달하고 신자유주의이념이 강한 미국이지만, 시민사회에는 5만여 개의 재단이 있다. 이 중에서 90% 이상이 개인유산으로 만든 독립재단(independent foundation)이다. 잘 알려신 록펠러재단, 카

네기재단, 포드재단 등도 이에 속한다. 시민사회에 기부된 수많은 재단의 돈은 기아 지원, 아동보호, 환경보호, 시민교육, 신약개발, 질병퇴치, 과학발전, 예술진흥, 학문·연구, 민주주의발전 등 무수한 영역에서의 재원으로 이용된다. 미국재단의 영구기금은 2000년 기준으로 4,000억 달러(약 400조 원)에 달하고, 이 재단들이 1년에 내는 기부금은 300억 달러(약 30조 원)에 달한다. 이 중에서 10% 이상이 자국을 벗어나 외국에 기부된 것이다(2007년을 기준으로 한다면 재단의 영구기금 1조 달러, 즉 1,000조 원가량에 달할 것으로 보인다). 한국에도 기업가는 많지만, 여전히 자식들에게 재산을 물려주는 데 관심을 둔다. 심지어 편법을 써서라도 자식들에게 유산을 넘겨주려고 하는 행태가 신문에 자주 등장해 우리를 슬프게 한다. 한국에서도 기업자금으로 만들어 기업에 딸린 기업재단(corporate foundation)은 많다. 어지간히 큰 기업에는 흔히 재단 한두 개 정도는 만들어져 있다. 그러나 기업가의 재산으로 만든 독립재단은 흔치 않다. 그나마 최근에서야 시민사회의 발달과 맞물려 늘어나는 형편이다.

기업가든, 부동산업자든 돈을 많이 가진 사람이 왜 부를 사회로 환원해야 할까. 여러 측면에서 이를 정당화할 수 있겠지만, 간단한 예를 한번 들어보자. 시골의 아주머니는 한나절 내내 밭에 나가 돌나물을 뜯어와 정성스레 다듬어 팔아 5,000원을 번다. 어느 정도 숙련된 건설노동자는 아파트공사장에서 한나절에 5만 원을 벌 것이고, 교수나 의사 같은 전문가는 특강으로 50만 원을 받을 수 있다. 그런가 하면 유명 컨설턴트는 한나절 상담비로 500만 원을, 대기업의 유명한 CEO는 5,000만 원도 벌 수 있을 것이다. 물론, 한나절에 5,000만 원 버는 대기업 CEO의 삶이 반드시 행복하고, 5,000원 버는 농부의 삶이 불행하다고 할 수는 없을 것이다. 그러나 많은 사람들은 주어진 시간에 더 많은 임금을 받기를 원한다. 그렇다면 왜 똑같은 시간을 일해도 임금에서 차이가 날까. 여기에는 두 가지 변수가 작용한다. 하나는 각자가 가진 능력의 차이이다. 농부, 건설노동자, 교수, 컨설턴트, CEO는 각자 받은 교육이나 능력에 차이가 있다. 전문적인 교육을 많이 받아 뛰어난 능력을 가진 사람이 큰돈을 버는 것은 당연할지도 모른다. 그러나 능력만으로 돈을 벌 수 있는 것은 아니다. 환경이라는 또 다른 요소를 고려해야 한다. 앞서 예를 든 사람들은 각자 처한 환경이 다르다. 한나절에 5,000원을 버는 농부가 반드시 무능하기보다는 그런 환경에서 살기 때문이다. 아무리 뛰어난 컨설턴트와 CEO의 능력이라고 하더라도 수백 년 전 농업사회에서는 큰 쓸모가 없다.

어떤 사람이 큰돈을 버는 것은 반드시 개인이 잘나서가 아니다. 그가 그렇게 벌 수 있는 사회적 환경에 놓였기 때문이다. 더구나 돈을 번다는 것은 일종의 사회적 작용의 결과다. 혼자서 돈을 버는 것이 아니라, 돈을 벌게 해주는 상대가 있다. 가령 특강으로 한나절에 50만 원을 버는 교수는 강의를 들어줄 수강생이 있어야 하고, 상담을 해 한나절에 500만 원을 버는 컨설턴트는 상담을 받을 사람이 있어야 한다. 아무리 잘나고 능력이 있더라도 수요자가 없다면 돈을 벌 수 없다. 나아가 롤스(John Rawls) 의 정의론에서 말하는 바와 같이, 그러한 능력도 절대적인 개인소유가 아니라 사회적 공동자산이다. 따라서 개인이 벌어들인 돈의 일부는 자신이 그렇게 벌 수 있게 해준 사회로 환원해야 한다. 그래서 일정한 기부금을 내는 것을 일상화하고, 죽고 나면 나머지 돈을 사회에 기부해 의미 있는 곳에 사용되게 해야 한다. 고전적 자유주의에서 주장했던 사유재산권의 절대성은 공동체를 유지하는 바탕이기도 하지만, 동시에 사회문제를 낳는 근원이기도 했다. 그래서 자유주의자들은 사유재산권의 절대성이 오히려 개인의 자유를 방해하기 때문에 사회성의 중요성을 강조하기도 했다. 인간이 자신의 재산을 자식들에게 남기려고 집착하는 것은 유전학적으로 자신의 대(代)를 남기려는 본능이라고 할 수 있다. 이것은 사회발전원리로 볼 때도 타당한 점이 있다. 부지런하게 일하고 자신을 희생해 많은 것을 피붙이에게 남기려 노력하는 것은 사회발전의 동력이 되기도 한다. 그러나 과도하면 이기주의와 가족주의가 만연하게 되며, 재산을 물려받은 자가 게을러지고 창의력이 쇠퇴한다는 점에서 문명발전을 저해할 수도 있다.

시민사회에 돈이 넘쳐나는 나라가 된다! 많은 이들이 재산을 사회에 기부하고 유산을 사회로 환원해 무수한 재단이 생겨나고, 그 돈을 의미 있는 곳에 사용한다면 얼마나 좋을까. 이렇게 시민사회에 남겨진 돈은 사회적 약자의 긴급한 구호, 위기에 처한 환경의 보호, 중요한 전통문화의 보존, 멸종해가는 종(種)의 보호, 청소년의 인성교육,

사회적 소수자의 문화적 지원, 예술과 문화진흥, 과학기술의 발달과 우주탐구, 새로운 분야에 대한 학문적 연구, 각종 시민운동에 대한 지원, 인류의 목숨을 위협하는 질병의 백신개발, 기아에 허덕이는 제3세계국가 주민지원 등 헤아리기 어려울 만큼 많은 분야에서 유용하게 사용할 수 있다. 이러한 사회가 분명 우리가 바라는 좋은 사회임에 틀림없다. 그렇다면 정부는 각종 재단이 많이 생길 수 있는 법적 장치를 만들어야 한다. 자식에게 물려주는 유증이나 상속에 대한 세율을 크게 높이고, 각종 재단의 설립과 운영을 쉽게 하는 법을 만들어야 한다. 그리고 법적 장치를 넘어 기부를 촉진하는 문화를 만들어야 한다. 그래서 기부금과 유산환원에 대해 각종 언론이나 방송에서 공익광고를 하고 이에 대한 담론을 형성해야 한다.

연말에만 불우이웃을 돕기 위해 방송국 앞에 줄서고, 불행한 사람의 소식이 신문이나 방송을 타면 도덕적 의무감에서 전화기를 드는 것이 아니라, 일상적으로 각자 소득의 일부를 기부하고 쓰고 남은 돈을 사회에 환원하는 기부문화를 정착시키려면 이에 대한 시민운동이 활발하게 일어나는 것이 중요하다. 따라서 시민들이 이러한 분야에도 관심을 기울여 적극적으로 시민단체를 결성하고, 이들이 연대해 활기찬 시민운동을 전개해가야 한다. 얼마 전에 평생 동안 혼자 살면서 비바람이 몰아치는 시장바닥에서 번 돈을 대학에 유산으로 남기고 세상을 떠난 할머니 이야기가 신문에 났었다. 할머니는 원래 자식이 없었지만, 데려다 기른 아들딸이 있었기 때문에 그 자식에게 유산을 물려

줄 수도 있었다. 좋은 말로 기른 자식이라고 하더라도 가까운 사람에게 재산을 물려주면 죽어서 제삿밥이라도 얻어먹는다는 말이 있지 않는가. 그렇지만 할머니는 자식들과 상의하고 그들을 설득해 모든 재산을 시민사회로 환원했다. 그런데 이 할머니가 이렇게 자신의 재산을 어떤 대학에 남겨준 것은 그 대학총장이 평화에 대해 역설하는 내용을 우연히 TV로 본 것이 계기였다고 한다. 따라서 개인이 유산을 사회로 환원해 더 좋은 사회를 만드는 것도 이에 대한 시민운동을 통해 사회적 분위기를 조성하고 문화를 형성해가는 것이 중요하다.

인간은 누구나 정신적 존재로서의 고결성을 유지하고, 그러한 능력을 발휘해 사회에 기여하려고 한다. 그렇게 함으로써 인간 그 자체로서 고결한 인격을 가진 사람으로 존경받기를 바란다. 달리 말해 도(道)를 깨달은 사람으로 대접받고 싶은 것이다. 도를 안다는 것은 기독교에서 가르치는 것처럼, 나를 초월한 낮은 데로 임해 필요가 있는 곳에 기여하는 것이다. 불교에서 가르치는 것처럼, 모든 인간이 부처와 같은 생명을 지닌 존재로 떠받드는 것이다. 이것을 실천하기 위한 여러 강령이 있지만, 자신의 재산을 사회로 환원해 사회에서 받은 은혜를 갚는 것도 빠뜨릴 수 없다. 그것은 마치 물건을 빌려준 사람에게 물건을 다 쓰고 나서 고맙다는 말과 함께 물건을 되돌려주는 것과 같은 이치이다.

17

여왕이 찾아오는 안동

몇 년 전 가을 햇볕이 따스하게 내리쬐는 오후, 서울에서 중앙선 열차를 타고 안동으로 NGO 특강을 갔다. 이 날은 일부러 급행열차 대신 완행열차를 탔다. 내게 이 시간은 강의를 준비하거나 책을 읽는 시간이기 때문에 천천히 간다고 해서 결코 시간낭비가 아니다. 그러나 이 날 완행열차를 타게 된 데에는 또 다른 이유가 있었다. 중앙선을 타고 서울에서 원주를 거쳐 안동으로 가는 시골길을 즐기고 싶었기 때문이다. 차창 밖으로 보이는 황금빛 들판, 단풍이 막 들기 시작한 산, 느릿느릿 흘러가는 개울물, 감나무에 발갛게 익은 감, 지붕 위에 말려놓은 빨간 고추, 특히 지방의 작은 동네에서 느리게 살아가는 사람들의 모습을 보기 위해서였다. 여행을 통해 단순히 유희를 즐기거나 육체적 휴식을 취하는 데 그치지 않고 사람들이 사는 세상 속으로 들어가 사유하는 것은 지적 해방을 성취하고 의미 있는 발명을 얻는 데 중요하다. 고도의 정신성을 지닌 인간은 짧은 여행을 통해서도 중요한 삶의 지혜를 얻을 수 있다.

이 날 안동으로 향하는 길에서 떠올랐던 생각이다. 몇 년 전(1999년 4월) 안동을 방문한 영국의 엘리자베스 여왕에 대한 것이다. 엘리자베스 여왕은 한국을 방문해서는 다른 도시는 거들떠보지도 않고 안동으로 내려갔다(이후 2005년 11월에는 미국의 부시 전 대통령 부부, 그리고 2007년 10월에는 덴마크의 마그레테 2세 여왕이 안동을 방문했다). 어쩌면 당연한 일인지도 모른다. 근대 산업혁명의 선구자인 영국 여왕이 한국의 근대도시에 무슨 관심이 있겠는가. 오히려 한국의 전통을 그대로 간직한, 가장 한국적이며 최고의 정신문화도시로 손꼽히는 안동으로 향한 것은 쉽게 예상할 수 있는 일이었다. 여왕은 낙동강이 감싸돈다고 해서 이름 붙은, 물위에 떠 있는 연꽃을 연상케 하는 하회(河回)마을을 방문해 유성룡 선생의 본가인 양진당, 삼신을 모신 삼신당, 600년 수령(樹齡)의 느티나무 등을 돌아보고, 허 도령 전설이 서린 하회별신굿탈놀이를 관람했다. 그리고 여기서 72세 생일 잔칫상을 받았다고 한다. 그리고 한국 최고(最古) 목조건축물이자 최고의 후불벽화가 있는 봉정사를 방문했다. 봉정사는 화엄종의 대가 의상대사의 제자인 능인에 의해 지어진 절로서 나지막한 천등산 안자락에 자리 잡고 있다. 그야말로 글 읽는 선비 냄새가 곳곳에 배여 있고, 세상을 달관한 할아버지의 느긋함이 그대로 묻어나는 곳이다. 이외에도 안동에는 도산서원, 병산서원, 부용대, 민속박물관, 하회탈박물관 등 많은 문화유적이 있다.

특강을 끝내고 사람들과 이런저런 이야기를 나눴다. 안동 인구가 17만 명밖에 되지 않는다는 말을 그때 들었다. 서울에서 구(區) 하나 인구의 절반도 안 되는 셈이다. 그것도 젊은 사람들은 모두 서울을 비롯한 대도시로 빠져나가버리고 대부분 나이든 사람만 남았다고 했다. 그런 중에도 변호사, 의사, 교사, 대학원생, 정당인 등이 고향을 지키며 지방정치에 관심을 갖고 시민운동을 이끌어가고 있다는 것이 다행스럽게 여겨질 정도였다. 세계 각국의 왕과 대통령이 방문하고 풍부한 문화유산, 맑은 공기, 넉넉한 인심이 있는 곳에 왜 사람들이 모여들기는커녕 오히려 떠나가는 것일까. 왜 한국은 권력과 돈, 학교와 병원 등이 모두 서울을 중심으로 한 수도권에 몰려 있고, 사람들 역시 복잡하고 매연이 코를 찌르며 삭막하기 그지없는 서울로 모여드는 것일까.

서울이 수도가 된 지 600년이 넘었다. 그러니까 근대적인 국가, 기업, 학교, 병원이 생겨나기 이전부터 서울은 한국의 수도였다. 그러다가 근대국가가 형성된 후, 근대적인 기업이 만들어지고 학교와 병원이 설립되었을 때, 이들 대부분이 서울에서 생겨났다. 한번 서울에 정착한 각종 기관 및 시설 등은 효율성과 효과성 측면에서 지방으로 이

전할 동기가 없었다(하물며 효율성을 높인다는 이유로 수도를 이전하려는 계획이 반대에 부딪히게 된 건 당연했다). 이는 국가가 대부분의 자원을 서울에 쏟아부으며 더욱 집약적인 도시로 만들어왔기 때문이다. 국가 자원을 서울과 수도권에 집중하는 정책은 체제가 바뀌고 정권이 바뀌어도 변하지 않았다. 상황이 이러하니까, "말은 제주도로 보내고 사람은 서울로 보낸다"라는 우리 속담이 꼭 들어맞는다. 한국 제2의 도시인 부산에서 암 수술을 제대로 할 수 없어 서울에서 수술하고, 퇴원해서도 서울로 통원치료를 받으러 다니는 사람을 발견하기가 그리 어렵지 않다. 가족과 친구들이 전부 광주에 있으면서도 굳이 대학을 다니기 위해 서울로 오는 고등학교 졸업생들은 부지기수이다.

왜 한국이 이렇게 되었을까. 대학만 놓고 생각해보자. 특정 대학 출신이 국가 요직을 독차지하고 암묵적인 카르텔을 통해 서로 이권을 주고받는 예로서, 흔히 일본의 도쿄대학교과 한국의 서울대학교를 든다. 도쿄대학교의 일본 내 권력 독점도 만만치 않지만, 그것은 서울대학교에 비할 바가 아니다. 더구나 일본에는 도쿄대학교에 버금가는 교토대학교도 있다. 일본에서는 교토지방의 학생들이 굳이 도쿄대학교를 다니기 위해 복잡한 도쿄까지 오지 않는다고 한다. 한국에는 교토대학교만한 대학이 지방에 없을 뿐만 아니라, 서울대학교 외의 좋은 대학교들도 거의 서울에 위치하고 있다. 미국은 어떤가. 하버드 · 프린스턴 · 예일 등과 같은 이름난 대학교는 뉴욕이나 로스앤젤레스와 같은 대도시나 워싱턴(Washington D.C.) 같은 수도가 아니라 작은 도시에 위치하고 있다. 오히려 미국사람들은 같은 수준이라면 대도시에 있는 대학에 가기를 꺼린다. 그런데 한국은 왜 좋은 대학들 대부분이 서울에 있고, 지방으로 옮겨갈 생각을 하지 않는 것일까. 대학이 굳이 서울에 있어야 할 이유는 없다. 기업이라면 효율을 중시하고 이윤을 추구하는 속성 때문에 상황이 다르다고 할 수 있지만, 연구·교육·사회봉사가 목적인 대학이 교통이 복잡하고, 공기는 나쁘고, 미학적으로 삭막하기 이를 데 없는 서울에 굳이 있을 이유가 없다. 지방이라고 하더라도 일정 지역에 대학 몇 개만 모여 있다면 지식공동체를 형성할 수 있고, 네트워크의 시너지 효과를 가질 수 있다. 나아가 도로 시설이 좋은 한국에서 최소한 서울과 한두 시간 정도 떨어진 소도시에만 위치해도 대학의 효율이나 효과에 전혀 문제가 발생하지 않는다. 그런데도 굳이 대학이 서울에 있다는 것은 그만큼 특혜가 주어지고, 국가정책이 이를 유도했기 때문이다.

어떻게 하면 좋은 대학이 지방으로 이전하고 국가가 관련 정책을 집행하게 할 수 있을까. 나아가 어떻게 하면 지방자치단체에 더 많은 권력이 이양되고, 지방경제가 살아나며, 지방문화를 활성화시킬 수 있을까. 이 문제를 해결하는 핵심은 사실 지방주민의 손에 달렸다. 그것도 지방주민의 '정성'보다는 '저항'에 해결의 열쇠가 있다. 시민운동을 주도하는 NGO에 대해 특강을 하다 보면 많은 사람들이 한국시민운동이 너무 과격하다고 오해하고 있음을 자주 느낀다. 하지만 유럽 시민운동에서는 우리처럼 관공시 앞에서 피켓을 들고 구호를 외치거나, 거리에서 서명을 받거나, 사무실에서 기자회견 하는 방식은 소수이다. 그들은 운동의 효과를 극대화하기 위해 옷을 홀랑 벗고 거리를 행진하거나 일정한 공간을 점거하는 직접행동 방식을 주로 취한다. 시민운동·사회운동·노동운동의 개념, 목표, 운동 방식에 있어 미묘한 차이를 구분할 필요는 있지만, 유럽에서 농민들이 트랙터 수백 대를 몰고 와서 고속도로에 세워놓거나, 양떼나 소떼를 도시에 부려놓거나, 곡식이나 과일을 대학이나 관공서 앞에 쌓아놓고 저항하는 모습을 사진이나 비디오를 통해 자주 볼 수 있다. 그러나 한국사람들은 기껏해야 어깨동무를 하고 일정한 지역을 돌파하려는 것이 고작이고, 그나마도 경찰이 쏘아대는 물대포에 해산하기 일쑤이다.

사실 한국에서 중앙과 지방의 관계는 전체를 구성하는 거점의 분포가 아니라 중심과 주변의 계층관계를 이루고 있다. 예를 들어, 지방 정치가가 어느 정도 능력을 인정받고 이름을 얻으면 중앙으로 진출한다. 지방의 이름 있는 교수도 중앙으로 진출하려고 한다. 기업가, 회사원, 스포츠선수, 연예인 등도 마찬가지이다. 물론, 이러한 현상이 한국에만 있는 것은 아니지만, 한국은 그 정도가 너무 심해서 서울과 지방 간에 형성된 차별점이 뚜렷하다. 그래서 서울사람은 1등 시민이고 지방사람은 2등 시민이라는 의식이 서울사람뿐만 아니라, 지방사람에게도 어느 정도 의식화되어 있다. 예를 들어, 지방에 있는 어떤 대학이 한국 최고의 대학이 되겠다는 생각을 갖는 것이 아니라, 어차피 서울의 대학은 따라갈 수 없으니 지방대학 중에서 최고 대학이 되는 것에 목표에 두고 자기정체성이나 자기만족감을 가진다는 것이다. '한강 이남의 최고 대학'이라는 말은 이래서 나온 말이다(과거에 한강 남쪽은 서울이 아니었으니까). 지방주민들이 한국의 불균형발전에 문제의식을 갖지 않고, 자기권리를 적극적으로 요구하지 않으며, 얌전하게 대항해서는 지금과 같은 문제를 해결할 수 없다. 사실 국가의 교육지원금은 지방대학에 우선 지원되고 어느 정도 차별적 우대를 해야 한다. 그러나 지원이 중앙에 집중되고 있는데도 지방대학교수들은 얌전하게 신문에 칼럼이나 쓰고 기껏해야 무슨 협의체를 만들어 목소리를 내는 정도이다. 상황이 이 정도쯤 되면 지방대학학생들이 연대해 전국을 강타할 소용돌이를 일으켜도 모자랄 텐데, 학점이나 따고 취직이나 하자며 조용히 고개를 숙이고 있다.

한국의 균형발전뿐만 아니라 국가 본래의 윤리적 정체성, 인간이 지향하는 삶의 본질의 측면에서 본다면 당연히 지방에 투자를 확대하고 지방주민의 생활수준을 높여야 한다. 그래서 지방에 좋은 대학을 비롯해 좋은 학교가 있고, 좋은 시설과 의사를 가진 병원이 있으며, 오페라나 뮤지컬을 비롯한 각종 문화행사를 치를 수 있는 시설을 갖춰 살기 좋은 곳으로 만들어야 한다. 그리고 비록 연방제가 아니고 중앙집중제의 국가라고 하더라도 지금보다 훨씬 더 많은 권력과 재정을 지방으로 이전해야 한다(통일 이후 우리도 지방 중심의 정치와 경제가 이뤄지는 연방제로 가야 한다. 인간이 궁극적으로 원하는 유토피아는 수도 중심의 중앙집중제에서는 물가능하다). 정보화로 인해 세계 각 지역과 조직은 거미줄처럼 연결되어 있다. 이러한 연결에는 중앙정부만이 아니라 기업이나 시민단체도 중요한 위치를 차지하고 있고, 지방자치단체도 국가를 통하지 않고 세계 여러 국가, 지방자치단체, 기업, NGO 등과 연결되어 서로 교류하며 다양한 사업을 진행한다. 나아가 지방자치를 활성화해 지방자치단체가 정치의 중심이 되는 것은 민주주의가 지향하는 참여민주주의에 부합한다. 더구나 현대인은 세계로 나아가 교류·연대하는 것뿐만 아니라, 자기 지역에 살고 있는 사람들과 밀접하게 교류하고 조밀한 커뮤니케이션을 통해 삶을 질을 높이는 데 커다란 관심을 가지고 있다. 따라서 한국의 지방주민들은 이 시점에서 서울을 비롯한 수도권에 모든 권력과 자원을 집중하고 있는 것에 대해 적극적으로 저항해야 한다. 지금 그것에 저항해 목표를 성취하지 않으면 '인구의 정치학'에 따라 영원히 불가능하게 된다. 즉, 현대민주주의는 투표에서 권력이 나오고, 다수결이 권력의 정통성을 생산한다. 따라서 지방이 계속 피폐해지는 반면, 수도권은 계속 살기 좋게 되어 그 인구가 전체의 절반을 넘으면, 지방주민은 오합지졸이 될 뿐만 아니라 민주주의원리에서도 자기가 원하는 정책을 만들 수가 없다. '기선을 제압한다'라는 말이 있다. 한번 밀리면 영원히 밀리기 때문에 지금 기선을 제압해야 한다.

한국의 대학은 지금 온통 로스쿨(Law School) 지정문제에 관심이 쏠려 있다. 앞으로 판사·검사·변호사는 사법시험을 통해서 배출되는 것이 아니라, 법학대학원인 로스쿨을 졸업한 학생이 일정한 자격시험을 거친 후 임명된다. 따라서 법과대학을 가진 어느 정도 큰 대학들 모두 로스쿨 개설을 지정받기 위해 사활을 걸고 있다. 판사·검사·변호사 등 법조인은 전체인구에 대비해보면 그 수가 매우 적다. 겨우 1만 명 정도이다. 그러나 국회의원 중에서 법조인 출신이 가장 많고 이 나라 대통령도 법조인 출신인 것에서 알 수 있듯이, 국가정책에 대한 법조인의 영향력은 막강하다. 따라서 대학과 지방자치단체가 팔을 걷어붙이고 달려드는 것도 무리가 아니다. 그런데 벌써부터 서울의 어느 대학은 이미 지정받은 상태이고, 어느 대학은 몇 명의 정원을 약속받았다는 소문이 나돌고 있다. 그러나 로스쿨의 지정은 절대적인 의미의 효율과 실적만 가지고 평가해서는 안 된다. 즉, 서울의 주요 대학에 로스쿨을 지정해주면서 모양새를 갖추기 위해 지방거점에 하나씩 던져주는 방식이 되어서는 안 된다는 것이다. 오히려 로스쿨이야말로 실적이 아니라 권력형평의 원리와 균형발전정책에 부합하게 전국 주요 도시에 있는 대학에 우선권을 주고, 서울에 있는 대학에 몇 개를 허가해주는 방식으로 지정되어야 한다. 모든 것이 서울에 집중되어 있는 상태에서 법조인이 되기 위한 공부마저 지방에서 서울로 와야만 하는 모순을 재현해서는 안 된다[로스쿨이 서울에 집중되면 법조인이 되기 위한 공부를 위해 또 서울로 가야 할 뿐만 아니라, 로스쿨에 들어가기 위한 입시공부를 위해서도 서울로 가야 한다. 그렇게 되면 지방에서는 법학 교육 및 연구가 공동화(空洞化)되는 반면, 서울 신림동에는 로스쿨입시를 공부하려는 학생들로 북적댈 것이다]. 오히려 서울로 오도록 할 바에는 수려한 경관을 가진 제주도에 로스쿨을 만들고 그곳으로 유학하게 하는 것이 낫다. 심미성의 논리에서 볼 때, 좋은 자연환경에서 공부한다는 것이 법조인의 양심과 판단에 얼마나 중요한가. 곧 다가올 로스쿨 지정에 대한 지방주민의 인식과 대응이야말로 지방이 1등 시민이 살아가는 살기 좋은 곳이 될 것인지를 시험하는 하나의 잣대가 될 수 있다. 전국 주요 도시가 로스쿨 지정을 받지 못하는데도 가만히 참고 있을지 지켜볼 일이다.

18

함 께 만 들 어 가 는 축 제

우리가 살아가는 마을을 관찰자의 입장에서 한번 살펴보자. 단독주택이 모인 동네라면 도로가 나 있고 집들이 의미 없이 줄지어 있다. 아파트촌에는 여러 동의 건물이 닭장 같은 마을을 이룬다. 경직되고 메마른 건축물과 도로뿐 아니라, 그 속에서 살고 있는 사람들도 서로 인사조차 건네지 않는 낯선 사람으로 살아간다. 그러면서 사람들은 정해진 일상을 반복한다. 아침에 잠자리에서 일어나면 마치 미리 작동 조작을 해놓은 기계처럼 씻고, 입고, 먹기를 시작한다. 우르르 직장에 갔다가 저녁이 되면 또 우르르 집으로 퇴근한다. 유머도, 감동도, 희열도 없는 삶 속에서 사람들은 외식, 쇼핑, 생일, 보너스, 승진, 합격 등 극히 사적인 일에서 삶의 청량제를 찾는다. 그런데도 사람들은 크게 몸부림치지 않고 마치 딱딱하게 굳은 화석처럼 묵묵히 일과를 따라간다.

인간의 삶은 크게 유지·노동·여가의 좌표 안에서 전개된다. 육체를 가진 생명체로서 살아가기 위해 인간은 매일 일정한 영양분을 섭취하고, 추위와 더위로부터 몸을 보호하며, 상당한 시간의 수면을 취해야 한다. 그리고 살아가는 데 갖춰야 할 환경을 만들고, 특히 생활에 필요한 상품과 서비스를 사기 위해 노동해야 한다. 노동은 그 자체로 의미를 지녔기 때문에 반드시 돈을 벌기 위한 것은 아니지만, 오늘날 대부분 사람에게 노동이란 생활에 필요한 돈을 버는 수단이다. 하지만 인간은 노동만으로 살아갈 수 없기 때문에 일정한 노동시간이 지나면 휴식을 취하고 여가를 보낸다. 그래서 TV를 보거나 바둑을 두고, 책을 읽거나 대화를 나누고, 낚시를 하거나 여행을 떠나기도 한다. 심지어 여가를 활용해 연구하고, 소설을 쓰고, 음악을 즐기는 사람도 있다. 사실, 멘델(Gregor Mendel)의 유전법칙 발견, 톨스토이(Lev Tolstoi)의 문학, 차이코프스키(Pyotr Tchaikovsky)의 음악은 여가를 통한 취미생활로 시작해 큰 성공을 거둔 사례이다. 인간이 단순히 일과를 반복하거나 수동적으로 시간에 끌려가지 않고 의미를 생산하는 창조적 삶을 누리려면 노동 속에서 가치를 발견할 뿐만 아니라, 여가시간도 잘 활용할 필요가 있다.

인간은 왜 세상에 태어났을까? 확실한 것은 인간은 가난하고 불행하게 살기 위해 세상에 태어나지는 않았다는 것이다. 태어난 이상 누구나 풍족하고 만족스럽게 살다가 떠나기를 원한다. 달리 말해서 한 바탕 잘 놀다가 가기 위해 태어난 것이다. 불교에서는 이것을 중생소유락(衆生所遊樂)이라고 말한다. 물론, 여기서 '유락'이라는 것이 노는 것만을 가리키지는 않는다. 노동을 하든, 놀이를 하든 언제나 즐거운 마음으로 재미있게 살아간다는 뜻일 게다. 원시사회에서 노동은 생존문제이면서 감정이 자연스럽게 투입되는, 과정으로서의 생활 그 자체였다. 노동은 소비를 위해 돈을 벌거나 축적하는 수단적 행위가 아니었다. 사냥을 하든, 채집을 하든 노동은 호기심이 발동하고 상상력이 개입된 구체적 활동이었다. 그리고 무엇보다도 노동은 하나의 상징적 내용을 가진 놀이로서 그 자체가 자유의 표현이자 즐거움의 원천이었다. 따라서 부처의 눈으로 본다면 인간 본성은 원시시대에 더 잘 구현되었다고 볼 수 있다.

그러나 기술이 발전하고, 생산력이 증대하고, 인구가 늘어나 산업사회가 도래하면서 노동은 생활에서 분리되고 추상화되었다. 현대사회에서 대부분의 사람들은 생계와 축적을 목적으로 노동한다. 그리고 노동이 철저하게 분화됨으로써 인간은 자신의 총체성을 와해당한 채 부속품처럼 일하고 있다. 또한 노동에 효율성과 타율성이 강화되어 생산성이 중시되고 감시를 받으며 인공적 이미지가 범람하게 되었다. 이렇게 되자 노동은 지루하고 부자연스러운 소외의 장이자, 힘들고 건강까지 해치는 고통스러운 시간이 되어버렸다. 이러한 상황에서 노동에 상상력을 개입해 창의력을 발휘하거나, 그 속에서 진정한 삶의 즐거움을 찾는 데는 한계가 있다. 그래서 사람들은 고통스러운 노동시간이 끝나고 여가를 즐길 수 있는 주말이나 휴가를 고대한다. 주말이 끝나고 다시 출근해야 하는 월요일이 다가오면 안절부절하거나 무기력해지고, 심지어 공포감에 부들부들 떨기도 한다는 '월요병'은 현대인이 여가시간을 얼마나 고대하는지 단적으로 말해준다.

그러나 여가시간이 많이 주어진다고 해서 행복한 것은 아니다. 여가시간이 있어서 우연히 TV를 보고 음악을 감상하거나, 가족들과 외식을 하거나, 친구들과 낚시하러 간다고 해서 인간정신의 열정을 투입하기는 어렵다. 친구들과 술집에 모여 술을 마시거나 카페에서 수다를 떤다고 해서 무슨 대단한 의미를 가지는 것도 아니다. 오히려 여가는 따분하고 낭비적이며, 심지어 도착적(倒錯的)으로 변질될 가능성이 있다. 정신의학자들이 여가가 지나치게 많으면 사회적 재난을 부를 수 있다고 경고하는 것도 이 때문이다. 예를 들어, 로마시대의 원형경기장은 로마시민이 여가시간을 보내는 방식이었지만, 그 속에는 이미 로마붕괴의 암운이 엿보였다. 오늘날 많은 사람들은 오히려 주말에 우울함과 피로를 느낀다고 호소한다. 심리학자들은 여가가 창조적이고 의미 있는 시간이 되려면 미리 계획하고 스스로 만들어가야 함을 강조한다. 이는 자율성이 투입되고 창의성이 개입해 몰입과 초월의 시간이 될 수 있는 여가이다. 이렇게 되면 여가는 자신의 장점을 발휘하고, 만족스러운 취미생활이 되며, 상당한 전문능력을 연마할 기회를 제공한다. 나아가 사람들과 공감하는 소통 관계를 만들고, 사회 전체를 건강하게 하는 데도 기여하게 된다.

개인적인 잠재력을 계발하고 사회적 생산을 가능케 하는 여가활동에는 여러 가지가 있다. 사회적 책임을 이행하기 위해 복지관이나 병원에서 봉사활동을 한다든가, 환경을 보호하거나 야생동물을 지키는 시민운동에 참여한다든가, 각종 토론회나 연구 모임에 참여해 지적인 토론을 할 수 있다. 악기·민속춤·전통무예를 배우거나, 시작(時作)·글쓰기·그림·작곡을 하는 것도 좋다. 꽃 가꾸기나 동물 키우기, 채소밭 가꾸기나 야생식물 수집도 가능하다. 과학연구를 하거나 발명을 위한 활동에 몰입할 수도 있다. 그런가 하면, 박물관을 방문하거나 전통문화재를 찾아다닐 수도 있고, 암벽등반을 하거나 계획여행을 떠날 수도 있다. 계획여행도 외국배낭여행, 전국일주, 자전거여행, 산맥 짚기, 강줄기 짚기, 문화유적지 방문, 오지나 습지 방문, 야생식물 추적 등 다양하다. 스포츠활동을 하거나 산림욕 및 명상도 좋다. 취미삼아 골동품이나 우표·수석·고서 등을 수집할 수도 있다. 원하는 연극·영화를 보거나 정해진 주제에 대한 기획독서를 하는 것도 괜찮다. 이렇게 해서 인간은 생활의 활력소를 얻고 존재의 의미를 반추하는 기회를 마련할 수 있다.

여가시간을 함께 기획하고 즐길 수 있는 놀이 중의 하나로 축제가 있다. 사실 우리에게 축제는 매우 특별한 날이거나, 다른 나라의 문화로 취급해버리는 경향이 있다. 그러나 우리가 원하는 풍요로운 삶을 위해서는 여가를 잘 활용해야 하고, 이를 위한 한 방법으로 다양한 형태의 축제가 벌어져야 한다. 우리나라에는 예로부터 추수가 끝나면 동네사람들이 모두 참여해 며칠 동안 농악놀이를 하면서 노는 풍습이 있었다. 행사가 시작되기 여러 날 전부터 놀이를 준비하고 음식을 장만하느라 동네에는 흥분이 감돈다. 그러나 농경사회가 사라져가고 산업사회가 도래하면서 우리에게 이러한 놀이는 잊혀진 전통이 되어버렸다. 그렇다고 사람들이 함께 모여 봄날 따스한 햇볕 아래 사생대회를 열거나, 겨울철 그윽한 불빛 아래 정감어린 시낭송회를 갖는 것도 아니다. 그야말로 현대인은 파편화되고 원자화된 개인으로 돌아가 폐쇄된 방 안에서 기계 앞에 쭈그리고 앉아 시간을 보낸다. 우리의 다리가 튼튼해져 히말라야의 14봉을 오르내리고 42.195km 마라톤의 기록이 계속 깨지고 있는지는 몰라도, 그리고 우리의 두뇌가 발달해 고도의 첨단기계를 만들어 저 먼 우주의 원리까지 깨쳤는지는 몰라도, 우리의 심장은 굳어가고 있는 것이다.

산다는 것은 심장이 부드럽게 움직이고 힘차게 뛰는 것이다. 심장이 굳어버리면 우리는 죽게 된다. 사람은 죽음을 앞두게 되면 진지해진다. 그때서야 비로소 삶이란 권력과 부에 대한 허영과 일상의 반복에서 벗어나 자신이 원하는 것을 하고, 의미 있는 놀이를 하는 것임을 깨닫게 된다. 따라서 죽음에 직면해 갈망하게 되는 소원을 미리 풀기 위해서라도 우리는 여가를 잘 즐길 수 있어야 한다. 지방정부는 지방문화와 주제에 맞게 다양한 형태의 축제를 열어 주민들이 즐길 수 있는 기회를 만들고, 시민들 스스로도 소규모 커뮤니티를 중심으로 다양한 축제를 기획해서 함께 즐길 수 있어야 한다. 고대사회에서 축제는 초월적 존재에 접근하거나 인간존재를 밖으로 표출하는 것과 밀접한 관련이 있었다. 그러나 현대사회에서 축제는 다양화되고 첨단화되었다. 물론, 축제라고 해서 반드시 무슨 거창한 판을 벌여야 하는 것은 아니다. 현대인의 건조한 삶 속에서 전통음식을 직접 만들어 나눠 먹는 것도 함께 즐기는 축제가 될 수 있다. 현대의학 속에서 자연의학을 배우고 그것을 직접 신체에 실험해보는 것도 좋은 축제가 될 수 있다. 가을 햇살 아래 걷기대회를 하거나 조용한 산에서 영성을 일깨울 명상을 하는 것도 특이한 축제가 될 수 있다. 마을사람들이 모여 해마다 전통스포츠를 즐기거나 현대식 스포츠대회를 여는 것도 좋다. 내가 지방소도시의 시장이라면 경치 좋은 산, 호수, 들판, 개울 등을 거쳐가는 10km 정도의 '생각의 거리'를 만들고, 모든 시민이 매년 한 번쯤 이 거리를 걸으면서 조용히 자신과 주위, 인생과 사회, 지구와 우주 등을 생각하도록 하는 특이한 축제를 만들고 싶다.

현대인의 메마르고 지루한 삶을 극복하기 위해 이미 지방에서는 다양한 형태의 축제가 벌어지고 있다. 담양 대나무축제, 광주 김치축제, 제주 들불축제, 청도 소싸움축제, 원주 한지문화제, 전주 소리축제, 대구 한약축제, 여주 도자기축제, 광주 비엔날레, 밀양 연극축제, 강릉 단오제, 서울 인사동의 전통문화축제, 함평 나비축제, 일산 꽃축제, 보성 차축제, 고창 청보리밭축제, 양주 물축제, 화천 얼음축제, 완도 장보고축제, 고성 공룡축제, 부산 영화제, 김해 가야문화죽제, 중주 무술축제, 안동 탈춤축제, 양양 송이축제, 상주 자전거축제, 인천 하늘축제, 순천 남도음식축제 등 무수하게 많다. 중요한 것은 많은 사람들이 참여해 즐기는 것이다. 지방정부의 한 공무원은 축제무용론을 내놓았다. 지방정부에서 많은 돈을 들여서 축제를 벌어놓았는데도 사람들이 오지 않기에 축제는 매우 비효율적이라는 것이었다. 실제로 서울에서 열리는 한 축제에 가봤는데, 많은 준비를 했지만 정작 참여 인원은 매우 적었다. 이것은 축제의 주체와 객체를 구분하는 오류 때문에 발생하는 것이다. 축제는 정부가 일방적으로 준비하고 시민이 수동적으로 참여하는 것이 아니다. 축제는 정부와 지역시민단체, 나아가 기업이나 각종 비영리단체가 공동으로 참여해 기획하고 함께 준비해가야 한다. 그래야만 축제가 시민들의 축제가 되고, 축제가 벌어지는 시간뿐만 아니라 준비하는 시간 그 자체를 즐길 수 있게 된다.

축제는 단순히 소비지향적인 낭비가 아니다. 그것은 문화이면서 삶 자체이다. 인간이 모여 함께 놀이를 즐긴다는 것은 삶의 근본이다. 힘들게 돈을 벌고 열심히 공부하는 것도 따지고 보면 한바탕 잘 놀기 위함이다. 그래서 우리가 살아가는 마을에 다양한 주제를 가진 축제가 펼쳐지고, 모두가 주체적으로 참여해 즐길 수 있어야 한다. 뿔뿔이 흩어져 소외되고 지루한 시간을 보내는 것이 아니라, 해마다 전국의 모든 마을에서 며칠 동안 놀면서 함께 준비하고, 함께 즐기는 축제가 있어야 한다. 그래서 우리의 기계적인 일상이 자주 파열하면서 소통과 공감이 많아지는 삶이 되어야 한다.

19

우 리 의　반 쪽 인　북 한

　1980년대 전두환 독재정권의 서슬 퍼런 압제하에서 국민 다수는 독재정권에 반대하고 민주주의를 염원했다. 1987년 6월항쟁을 계급적인 측면에서 분석해보면 주로 노동자, 특히 넥타이를 맨 사무직 노동자가 참여했다는 점으로 미뤄봤을 때, 독재정권하에서 이익을 보고 독재정권을 옹호한 자본가도 있었겠지만, 대부분의 국민들은 자유로운 민주주의체제를 지지했다. 그런데 그 당시 미국의 침략에 저항해 용감하게 싸워 승리한 베트남을 어떻게 볼 것이냐는 질문이 나왔을 때 많은 사람들은 망설였다. 베트남 공산주의에 대한 미국 민주주의의 침략, 거기에다가 미국을 지원하기 위한 한국의 파병, 1950년대 힌

국전쟁 당시 북한 공산주의의 침략을 막기 위해 미국이 우리를 도와준 역사까지 고려하면 판단은 쉽지 않았다. 따라서 학생운동지도부가 베트남을 지지한다고 간단하게 결론 내려도 학생운동을 관망하던 많은 학생들은 선뜻 동조할 수 없었다. 20년이 지난 2000년대에는, 미국이 이라크를 침공해 사담 후세인의 독재정권을 무너뜨렸다. 지금 이라크에서 미국의 침략에 반대해 총을 들고 저항하며 폭탄을 품에 안은 채 죽음을 무릅쓰고 뛰어드는 이라크 사람들은 테러리스트인가, 아니면 의사(義士)인가.

이 질문에 대한 답변은 100여 년 전인 1909년, 만주 하얼빈에서 아시아 침략의 거두(巨頭) 이토 히로부미를 저격한 안중근이 의사인가, 아니면 테러리스트인가라는 논쟁과도 크게 다르지 않다. 그 당시 일본의 시각에서 안중근은 테러리스트였다. 그러나 우리에게는 훌륭한 의사였다. 안중근에 대한 당시 제3국의 시각은 지금 우리가 이라크 저항자를 바라보는 것과 비슷하다. 그 당시 '제3국 사람들이 안중근을 테러리스트로 봐서는 안 된다'라는 우리의 주장은 지금 우리가 이라크 저항자를 테러리스트로 봐서는 안 된다는 주장으로 연결된다. 그런데도 한국언론들은 미국언론이 쏟아내는 '테러리스트의 저항'이라는 말을 그대로 전달하고, 사람들은 그러한 표현을 별다른 고민 없이 받아들인다. 이처럼 우리가 미국에 대해 올바르게 판단하지 못하고 경도된 시각을 갖게 된 것은 우리에게 '북한'이라는 중대한 변수가 있기 때문이다. 우리에게 미국은 그저 엄청난 국제정치적 영향력을 가진 강대국이거나 세계경제를 좌우하는 경제대국만이 아니다. 북한이 쳐들어왔을 때 미국은 결정적인 구원의 손길을 내밀었고, 지금도 한반도의 전쟁을 억지하는 데 크게 일조하고 있다. 다른 한편으로 북한에 대한 미국의 위협이나 공공연히 떠돌고 있는 가상 폭격 시나리오 또한 남의 일이 아니다.

우리에게 북한이 있다는 사실은 엄청난 사고의 제약을 초래한다. 세계에서 몇 손가락 안에 드는 무장병력이 불과 몇 시간이면 한 국가의 수도에 접근할 정도로 가까이 있다면 설사 우호적인 나라의 군대일지라도 간과할 수 없기 마련이다. 더구나 이미 엄청난 피를 흘리며 대결한 역사가 있음에야 북한이라는 존재를 심각하게 고려하지 않을 수 없다. 또한 북한은 민주주의체제하에서 개방적이고 자유로운 정치·경제 시스템을 가진 나라가 아니다. 독재정치 구조하의 폐쇄적인 사회로서 언제나 체제붕괴의 불안을 안고 있다. 이러한 지정학적·역사적 사실들이 여전히 한국사회로 하여금 이데올로기에 집착하고 각종 갈등과 분열이 격화되도록 만든다. 좌파와 우파의 논쟁, 즉 자원을 배분하고 갈등을 조정하는 시스템으로서 국가냐 시장이냐, 분배냐 성장이냐의 쟁점은 어느 국가, 어느 시대에도 중요한 논쟁거리였다. 그러나 냉전의식에 갇힌 진보와 보수의 논쟁은 이미 시효가 지나 창고에 처박힌 고물과 다르지 않다. 한국만 벗어나면 어느 누구도 진보와 보수를 두고 우리처럼 대결하지는 않는다. 심지어 국가와 시장 바깥에 있는 시민사회에서 자발적 결사체들이 벌이는 시민운동에서조차 진보와 보수 논쟁이 격화되고 있는 것을 보면 쓴웃음이 나올 지경이다. 이러한 현상은 북한이라는 존재가 우리의 사고와 행동에 커다란 영향을 미치고 있음을 방증해주는 것이다.

한국의 통치권 바깥에 북한이 있다는 사실은 우리가 아직 국가건설(state building)을 마치지 못했음을 의미한다. 즉, 북한과 관련된 문제를 해결하지 않는 한 대한민국은 미완성의 국가로 남게 된다. 완전한 통일, 느슨한 연합, 그 어떤 형태로든지 간에 화해와 협력의 방향으로 진행되어 궁극적으로는 통일이 이뤄져야 국가건설을 완수하게 된다. 사실 한국과 북한의 관계는 최근 10여 년 동안 화해의 방향으로 진행되어왔다. 비록 몇 년 전 서해에서 사상자를 내는 해상교전이 있었고, 최근 북한의 핵무기개발로 긴장이 없지는 않지만, 이런 사건들이 화해와 협력으로 가는 근본적인 방향을 바꾸는 것은 아니다. 물론, 여전히 남북한 간에는 불신의 벽이 높고 넘지 못할 장벽이 있는 것이 사실이다. 그런데 불신과 오해를 가지는 쪽은 북한만이 아니라 우리에게도 있다. 한국사람에게 가장 큰 위협은 전쟁의 재발이다. 지금 전쟁이 일어나면 승패를 떠나 현대 첨단무기의 사용에 의해 엄청난 인명과 재산피해를 가져오고, 지난 반세기 동안 피땀 흘려 일군 문명이 하루아침에 붕괴된다. 그리고 한반도가 또다시 강대국이 개입하는 국제전쟁의 무대가 되어 우리의 주권이 종잇조각처럼 되어버리는 비극을 맞이할지도 모른다. 우리는 미국과 중국을 비롯한 강대국의 압력, 그리고 남북한 스스로의 대화를 통해 전쟁을 억지해야 한다. 그러나 사실 우리가 두려워해야 할 것은 전쟁이 아니라 북한의 붕괴이다.

한반도에서의 전쟁은 한국이 북한을 침략하지 않는 한 거의 발발하기 어렵다. 합리적 인간은 승리를 통해 전리품을 얻기 위해 전쟁을 일으킨다. 그러나 북한과 한국의 전쟁은 한국과 미국의 전쟁과 비슷하다. 즉, 한국이 미국에 선전포고를 할 수 없듯이, 북한이 한국에 전쟁을 개시하는 것은 불가능하다. 세계 어느 역사에도, 그리고 어떤 군사전문가나 게임이론가도 경제력이 50대 1의 차이가 나는 곳에 전쟁이라는 게임이 일어날 수 있다고 보지 않는다. 미국 예일 대학의 역사학자 케네디(Paul Kennedy)가 『강대국의 흥망』에서 역사적으로 추적해 체계적으로 분석했듯이, 이미 승패가 결정되어 있는 게임이기에 전쟁이 일어날 가능성은 희박하다. 물론 전쟁에는 경제력이 중요하지만 인구, 영토, 과학기술, 정권의 정당성, 국제적 동맹관계 등 여러 요소가 영향을 미치는 것이 사실이다. 이 중에서 가장 중요한 것은 정권의 정당성에 의해 나타나는 국민의 사기이다. 이 점에서도 북한정권의 정당성이 매우 낮기 때문에 북한의 전쟁도발 가능성은 거의 없다. 물론, 전쟁이 반드시 합리적 행위에 의해 일어나는 것만은 아니며, 과거 전쟁의 역사가 보여주듯이 사소한 감정대립이나 오판으로 발발할 수도 있다. 게다가 안보란 0.1%의 가능성도 무시하지 않고 미리 준비를 해둬야 하는 영역이기 때문에 소홀히 할 수 없다. 하지만 전쟁가능성을 과장하고 이것을 공공연하게 부추기는 것은 사실 이기(利己)와 무지의 소산이다(교회 부흥회에 북한의 대남침략을 메시아적 예언으로 내

걸어 사람들을 모으는 일이 수도 서울의 한복판에서 일상적으로 일어나고 있는 것을 보노라면 마음이 착잡하다). 혹자는 북한의 노동당규약에 여전히 남한의 적화통일이 주요한 국가목표로 규정되어 있다고 말한다. 그러나 그것은 한국의 헌법 제3조에 "대한민국의 영토를 한반도와 그 부속도서로 한다"라고 명시한 것만큼이나 현실성이 없는 관념에 지나지 않는다.

그러나 북한체제가 붕괴될 가능성은 얼마든지 있다. 그리고 그것이 엄청난 파급효과를 가져올 수 있다. 북한의 정권이 붕괴되거나 김정일 사후에 권력다툼으로 무력을 제대로 통제하지 못해 수백만 명의 북한 주민들이 휴전선을 넘어 남쪽으로 내려올 경우, 엄청난 혼란에 휩싸이게 된다. 그리고 북한의 붕괴 이후 미국과 중국이 일정한 군사적 행동을 하거나 자기끼리 모종의 합의를 할 경우 상대적으로 약소국인 우리는 과거처럼 속수무책으로 당할 수밖에 없다. 따라서 북한에 대해 고정관념이나 편견을 버리고 현실적으로 대응할 필요가 있다. 결코 보수진영 일부에서 말하는 것처럼 지금의 남북한관계를 대가 없는 퍼주기나 원칙 없는 외교라고 단정해서는 안 된다(사실 보수진영이 집권한다고 해도 현재의 남북협력관계는 크게 바뀌지 않을 것이다). 한국과 북한의 관계는 한국이 다른 나라와의 관계에 적용하는 룰을 그대로 적용할 수 없다. 북한과의 관계에서 핵심은 톨레랑스이다. 즉, 북한의 존재를 인정하고 그들이 우리와 다른 생각을 가졌음을 받아들여야 한다. 그리고 상대적으로 강자인 우리는 그들의 억지에도 참고 인내하는 관용을 보여야 한다. 단순히 일대일의 상호주의가 아니라 낯설고 약한 자에 대해 손을 내밀고 먼저 평화를 노래하는 여유를 가져야 한다. 상호주의란 냉전의 산물이다. 우리는 북한에게 동등한 교환이 아니라, 차별 있는 대우를 해야 한다. 그들은 우리에게 특별한 대상이기에 우선적이고 예외적인 고려를 받아야 할 대상이다.

우리가 북한을 바라보는 시각이나 북한을 규정하는 정체성은 중층적인데다가 여러 차례 변화를 거쳤다. 한국전쟁 이후 수십 년간 북한은 우리의 적이자 위협의 대상이었다. 반공체제에서 그들은 타도할 대상이었던 것이다. 그러다가 10여 년 전부터 그들은 우리에게 파트너로 등장했다. 개성공단 설립과 금강산관광사업 투자 등에서 볼 수 있듯이, 앞으로 경제협력이 늘어나면 북한은 우리의 중요한 경제적 파트너가 될 수 있다. 그러다가도 북한의 붕괴나 통일을 염두에 두게 되면 북한은 한순간에 애물단지로 변하기도 한다. 북한은 지금 세계에서 가장 가난하고 폐쇄적인 국가에 속한다. 우선 먹고사는 데 필요한 식량이 부족하고, 개인의 자유가 제한되어 있으며, 외부와의 교류가 단절되어 있다. 기본적인 사회인프라도 제대로 갖춰지지 않았다. 개성에서 평양으로 가는 지방 도로에 중간차선이 보이지 않고, 수도 평양에서조차 전력이 부족해 전깃불이 자주 꺼진다. 심지어 청소년의 평균신장이 남한보다 10cm 이상 작다는 사실은 안쓰럽다 못해 분노를 일으키기도 한다. 따지고 보면 독재자가 인민의 복리(福利)를 볼모로 자신의 권력을 유지하기 위해 오늘날과 같은 지경으로 만들어놓은 것이다. 하다못해 비슷한 체제를 가진 중국만큼이라도 깨어나서 발전을 이뤘다면 조금은 위안이 되겠지만, 이미 북한과 중국의 격차는 엄청나게 벌어진 상태이다.

그런데 이렇게 못살고 폐쇄적이며 문제 많은 북한이지만, 우리에게는 결코 타자가 아니다. 그들은 바로 우리와 같은 민족이요, 같은 언어를 사용하며 비슷한 문화를 가진 우리의 반쪽이다. 우리의 분신인 것이다. 무시하려 해도 무시할 수 없고, 잊으려 해도 잊을 수 없는 존재이다. 그것은 마치 자식을 잃어버린 어머니가 자나 깨나 애절함과 미안함을 가지고 미망(未亡)의 삶을 사는 것과 같다. 특히, 우리가 그들을 무시하고 잊을 수 없는 것은 북한이 가진 문제가 곧 우리가 감당해야 할 책임으로 돌아오기 때문이다. 북한이 개인소득 500달러 안팎의 최빈국으로 허덕인다면, 우리는 언젠가 2만 달러나 3만 달러 개인소득의 30% 정도를 떼어내 그들을 도와야 하는 입장에 처하게 된다. 물론, 자신의 물질적 부와 생활의 안전을 위해 대북지원과 통일을 반대하는 사람도 있겠지만 그런다고 해서 끝이 아니다. 여전히 북한은 그림자처럼 우리를 따라다니게 된다. 따라서 우리는 미래의 풍요한 삶을 위해서, 그리고 지금의 풍요를 위해서도 북한과 대화함으로써 화해분위기를 만들어야 한다. 북한을 물심양면으로 지원해 스스로 일어서도록 도와야 한다. 북한당국이 북한주민의 생활안전과 경제발전에의 의지를 가지고 세계에서 보편적으로 받아들이는 사고에 근거해 개방하고 개혁하면 더 좋겠지만, 그렇지 않다고 해서 우리의 지원과 협력이 무의미한 것은 아니다. 북한의 개방과 개혁은 협력의 전제조건이 아니라, 협력과정에서 일어날 수도 있고 그 결과로서 나타날 수도 있는 것이다. 통일이란 중간단계를 무시하고 직선적으로 성취해야 할 목표가 아니다. 그것은 긴 과정 속에서 양보하고 인내하며 보살핌을 베푸는 노력을 통해 최후의 단계에서 이뤄지는 결합이다.

평화를 노래하지 않는 물질적 성장은 결코 풍요라고 할 수 없다. 그래서 평화를 위해 들이는 우리의 노력은 그 자체로서 삶의 풍요를 가져온다. 어떠한 일이 있어도 우리의 반쪽인 북한을 미국이나 중국의 시각으로 봐서는 안 된다. 그들은 오로지 자국의 이익에 근거해 문제를 바라보고 전쟁과 개입을 운운한다. 오히려 우리에게는 중남미의 코스타리카나 유럽의 스위스와 같이 평화를 사랑하는 사람들의 시각으로 북한을 바라봐야 한다.

자 연 과   화 해 하 는   제 의

내가 살고 있는 동네에 서울 한복판에서 쉽게 볼 수 없는 특이한 집이 하나 있었다. 층층이 쌓아올린 현대식 아파트도 아니고, 깔끔하게 지은 연립주택도 아니다. 부유해 보이고 고풍스럽기는 하지만, 비가 오면 천장으로 곧 빗물이 스며들 것 같기도 하고, 태풍이라도 불면 곧 지붕이 날아가버릴 것 같은 허름한 구식 양옥이다. 그러나 이 집 건물 주위에는 각종 나무들이 빽빽이 들어서 있고, 수백 년이나 된 듯한 은행나무와 느티나무도 있다. 이 집 앞을 지나다닐 때면 담장 안에 무슨 새로운 자연의 변화라도 일어났는가 하는 호기심에 집 안쪽을 살펴보곤 했다. 그러면서 비록 허물어져가는 낡은 집이지만, 이런 집에서 살았으면 하고 항상 부러워했다. 심지어 이렇게 복잡하고 삭막한 서울에서 이런 집이 이웃에 있다는 것만으로도 위안이 되었다. 그런데 얼마 전 이 집 주인은 구식 양옥을 허물고 새로운 집을 짓기 시작했다. 마당의 갖가지 나무와 오래된 거목이 있는 자연의 어울림에 맞지 않게 새로운 집은 삭막하기 이를 데 없는 콘크리트집이었다. 게다가 수백 년 수령의 은행나무와 느티나무를 눈 하나 깜짝하지 않고 잘라버렸다. 가지가 너무 뻗어 나왔으면 조금 다듬어서 나무를 그대로 살린 채 집을 지을 수도 있으련만, 수백 년을 살아온 소중한 나무를 하루아침에 잘라버린 것이다. 내 집이 아닌데도 마치 내 다리가 잘려나간 것처럼 아쉬웠던데다가, 나무를 하찮은 무생물처럼 다루는 현대인의 사고에 은근히 화가 치밀었다.

우리나라에서는 예부터 큰 나무를 베고, 언덕을 무너뜨리고, 산을 깎아 공사할 때, 미리 그 대상에게 제(祭)를 올리는 관습이 있었다. 어린 시절에는 이런 것을 자주 보면서도 무심코 흘려버렸고 애니미즘(animism)적 요소가 있다는 생각에 썩 마음이 내키지 않았다. 그러나 환경학을 공부하면서 이러한 현상을 새롭게 인식하게 되었다. 자연 속의 나무, 언덕, 산 하나하나를 생명을 가진 영적 존재로 인식하고 화해를 청하는 모습은 오늘날 서구근대성에 따른 발전경로가 한계에 부딪히게 되면서, 우리에게 새로운 의미를 지닌 아름다운 삶의 모습으로 다가온다. 지금도 이런 전통이 완전히 없어진 것은 아니지만, 근대화의 물결에 휩쓸려 싱장과 소비를 미덕으로 아는 우리에게는 아득한 옛이야기가 되어버렸다. 더 효율적이고 더 많은 효과를 내려는 현대인에게 있어 이런 제의(祭儀)란 구차해 보이기도 한다. 그만큼 우리 일상에서의 심미성에 대한 감정이 메마르고 자연에 대한 경외심이 사라져버린 것이다. 그러나 자연에 대한 인식을 새롭게 하고, 풀 한 포기에도 정성을 들이며, 자연과 상생하는 삶을 살아야 할 근거들이 속속 등장하고 있다.

고대나 중세사회에서 인간과 자연의 관계는 대체로 하나라고 생각되었다. 플라톤의 제작적 우주관을 수용한 기독교원리가 인간과 자연의 관계를 차별적으로 구분하기는 했지만, 인간과 자연은 대체로 동등하게 교환하면서 단절 없이 살았다. 자연은 결코 인간에게 폭력적으로 군림하지 않았고, 인간은 자연을 마음대로 착취하지 않았다. 특히 동양사상에서 자연은 인간이 받들고 본받아야 할 숭배의 대상이자 도(道)의 본성으로 간주되었다. 그야말로 자연은 인간에 의해 분해되고 조작되는 대상이 아니라, 자기정신을 가진 신비로운 영적 존재였던 것이다. 그러나 자연에 대한 이러한 생각은 17~18세기 이후 근대에 들어오면서 무너지고, 급기야 양자의 관계는 소통과 조화에서 지배와 착취로 바뀌게 된다. 이렇게 되자 자연은 무력한 객체의 위상을 가지고 인간의 행복을 위해 복무하는 정복대상으로 전락했다. 오늘날 인간은 자신의 제국을 확장하기 위해 자연을 도덕적 체계에서 제외하고는 마음대로 조작하고 통제하는 것을 당연하게 여기고 있다.

인간의 이러한 사고와 행동 때문에 지구는 피폐해지고 있다. 자원고갈, 환경오염, 생태계파괴가 심각한 수준이다. 기아, 에너지·물 부족, 해수면상승, 기상이변은 당장 발등에 떨어진 불이다. 현재와 같은 상태가 지속된다면 지구는 언젠가 산소가 부족하고, 마실 물이 없으며, 땅에서는 곡식이 자라지 않고, 바다에는 물고기가 살 수 없게 될 것이다. 기후변화로 인해 홍수·가뭄·태풍·해일 등의 대규모 자연재해가 빈번해지고, 심각한 생태혼란이나 전염병창궐과 같은 위기가 닥쳐올지도 모른다. 이로 인해 기근이 발생하고 인구대이동이 일어나면 세계 곳곳에서 정치적 분쟁이 발발해 다발적인 폭력이 일어나는 '도시형 세계대전'이 올 수도 있다. 우주역사 137억 년, 지구역사 45억 년에 비춰볼 때, 인간은 그야말로 아주 짧은 순간에 창조된 존재다. 사실 모기도 인간보다 먼저 태어나 지구에서 자리를 잡은 우리의 선배 종(種)이다. 따라서 현재와 같이 인간의 폭력이 계속되어 자연환경이 돌이킬 수 없는 상처를 입게 된다면, 인간은 자연의 거센 반격을 받게 되어 한순간에 탄생했듯 한순간에 사라질 수도 있다. 사실 현재로서는 자연파괴로 인한 이변이 핵전쟁 및 운석 충돌과 더불어 지구를 멸망시키고 인류문명을 송두리째 파멸시킬 수 있는 시나리오 중 하나이기 때문이다.

자연파괴의 문제는 어제 오늘의 이야기가 아니다. 우리는 이미 알래스카의 영구동토가 녹아내리고, 알프스의 만년설이 사라져가고 있음을 목도하고 있다. 아프리카의 호수는 말라가고 해안 도시는 점점 물에 잠기고 있다는 사실도 알고 있다. 지구촌 곳곳에서 예상하지 못한 기상이변과 이로 인한 각종 자연재해를 경험하고 있다. 며칠 전 신문에서는 우리가 쓰는 냉장고·텔레비전·컴퓨터 등 각종 전자제품에 사용되는 폴리염화비페닐(PCB)이 바람과 강을 타고 북극으로 밀려가는데, 이것을 먹은 바다표범·고래·북극곰을 잡아먹는 북극 주변의 이누이트(Innuit)에게서 여자신생아 비율이 남자신생아보다 2배나 높다고 보도되었다. 따라서 현재와 같은 상태가 계속되면 먼 미래의 지구에서 인간 종(種)은 크게 변화하거나 과거의 공룡처럼 멸종될 수도 있다. 한국도 이제 온대가 아니라 아열대라고 하니, 조만간 말라리아가 들끓게 될지도 모르겠다. 이 모든 것은 소유와 소비에 집착해 필요 이상의 탐욕을 부리는 인간의 이기심과 오만에 대한 자연의 반격이다. 우리 스스로 인식을 바꾸고 생활습관을 변화시키지 않는 한 이로부터 벗어날 수 없다.

자연파괴의 문제와 관련해 한국은 또 하나의 걱정거리가 있다. 바로 중국이다. 거대한 영토와 인구를 가진 중국은 세계의 공장역할을 하고 있다. 미국의 어느 주부가 유해물질이 많고 싸구려로 인식되는 중국제품을 쓰지 않고 생활해보기로 작정하고 한 달을 살았는데, 여간 불편하지 않을 뿐 아니라 생활비가 너무 올라갔다고 불만을 토로했다. 심지어 아이 신발 하나조차 중국산이 아니면 너무 사기 힘들고 적당한 신발을 사는 데 스트레스를 많이 받았다고 했다. 중국은 황해와 압록강을 사이에 두고 우리와 인접해 있다. 중국이 세계 수십억 인구가 필요한 상품을 생산하는 데 소모되는 자원과 에너지, 그리고 그

과정에서 뿜어내는 오염물질은 고스란히 우리에게 영향을 미치고 있다. 엄청난 속도로 발전하고 있는 거대한 중국의 경제성장이 한국경제의 성장에 견인차역할을 하기도 하지만, 그 경제발전과정에서 발생하는 각종 화학물질은 이미 한반도의 상공으로 날아와 우리의 호흡기로 들어오고 있다(2007년에 들어와서 중국은 미국을 따돌리고 세계 최대 이산화탄소 배출국이 되었다). 맑은 새벽공기를 빨아들이면서 심호흡한다는 말은 이제 과거의 낭만이 되어버렸다. 문제는 여기서 그치지 않는다. 유가(儒家), 도가(道家) 등 자연과 화해하고 공존하는 소중한 전통사상을 가진 중국은 경제분야에서는 이러한 사상을 폐기하고 미국식 자본주의발전을 지향하고 있다. 바로 과학기술 발전을 통해 자연을 이용하고 이를 통해 부를 축적해 소비를 증대하는 근대계몽주의 방식을 취하고 있는 것이다. 따라서 자연착취를 통한 중국의 양적 성장은 계속될 것이다. 이 중국이 지금은 개인소득이 연간 2,000달러 내지 3,000달러밖에 되지 않지만, 이 소득이 미국인의 1/3, 혹은 우리나라 사람의 수준인 2만 달러만 되어도 15억 인구가 소비하는 쓰레기와 그로 인한 공해는 엄청날 것이고, 우리는 어쩔 수 없이 그 일부를 뒤집어써야 한다. 2040년쯤이면 가능하니까 그 날이 멀지도 않다.

지구환경의 위기 때문이든, 중국의 성장에 따른 문제 때문이든, 한국 내의 오염 때문이든지 간에 우리는 자연을 새롭게 바라보고 자연과의 관계를 재정립해야 할 시점에 와 있다. 자연은 결코 근대성에서 기정하는 것처럼 인간의 욕망을 충족하기 위한 지배의 대상이 아니

다. 지구상의 모든 생물과 이를 둘러싸고 있는 환경은 상호의존해 항
상성과 순환성을 유지하도록 되어 있다. 마치 독립된 것처럼 보이는
존재도 수억 년의 세월을 거치면서 수많은 조건에 의해 축적된 다양
한 관계 속에서 서로 의존하며 살고 있다. 식물이 태양에너지에 의해
광합성을 일으키고 유기물을 생산하면 동물은 이를 소비한다. 세균 ·
곰팡이 · 박테리아와 같은 미생물은 동물이 소비한 노폐물을 분해한
다. 이렇게 정교한 생명체들이 각자 개별성을 유지하면서 조화로운
시스템에 의해 움직이고 있다. 여기에 인간이 하나의 종으로서 기생
하고 있는 것이다. 아무리 인간이 생태계 먹이사슬의 최상위에 위치
하고 있다 하더라도 자연과 유기체적으로 연결된 자연공동체의 일원
일 따름이다. 그리고 최상위에 있다는 것은 단순히 특권적 지위를 가
짐을 의미하는 것이 아니라, 그만큼 생태적 의존성이 높고 자연에 대
한 중대한 책임을 지고 있음을 의미한다. 따라서 인간은 자연계의 법
칙 내에서 자연과 공존하는 법을 배워야 한다. 인간이 원하는 수준 높
은 삶은 자연에 내재하는 균형 · 조화 · 순환 · 상생의 원리를 무시하
고서는 불가능하다. 사실 문명의 야만성은 인간이 자연에 대하는 야
만이 존재하는 한 사라지지 않을 것이다.

우리는 아직도 커다란 나무를 무심코 잘라버리고, 멀쩡한 물건을
싫증난다는 이유로 버리며, 분리수거가 귀찮다고 쓰레기를 함부로 버
리는 천민성을 지니고 있다. 삶은 정성과 인내를 투입하는 노력이 필
요하다. 따라서 이러한 경박과 허풍을 가지고는 결코 행복을 구할 수

없다. 인간은 물질적 풍요와 감각적 쾌락만으로 만족할 수 있는 존재가 아니다. 현대인은 일상생활에서 개인의 잠재력을 마음껏 발휘하고, 타자를 위해 일정한 책임을 떠맡으며, 창조적인 노동을 실현함으로써 삶의 질을 높이려고 한다. 마찬가지로 자연에게 친밀감을 가지고 다가가 공동체적 일체감을 가짐으로써 자아를 실현하고 아름다운 삶을 살 수 있다. 자연은 인간에게 생존에 필요한 자원을 제공하고 폐기물을 정화하는 역할에 그치지 않는다. 자연은 기술문명이 가진 인위성과 계산능력을 넘는 심미성과 성스러움을 내포하고 있다. 우리는 장엄한 자연을 마주하면서 인간의 원초적 힘을 느끼고 각자의 몸속에 있는 자연성을 체험한다. 때 묻지 않은 자연경관을 가까이 접하면서 고향과 같은 편안함을 느끼고 청정한 마음으로 되돌아간다. 웅장한 자연에 존재하는 영성을 깨달으면서 생명 속에 성스러움이 솟아나는 것을 느낀다. 심지어 비온 후 피어오르는 월계수의 향기, 화분에서 백합이 터뜨리는 봉오리, 숲 속에 사는 사슴의 여린 움직임, 아침이슬을 머금은 거미집, 연못을 잇는 무지개 빛깔, 황혼녘의 장엄한 신비, 그리고 가을밤 귀뚜라미 소리에도 마음의 영적 변화를 감지한다. 이러한 현상은 바로 자연이 만물의 근원적인 바탕이자 인간 본성의 터전이기 때문이다.

요즈음 한국에는 육체와 정신을 건강하게 하는 걷기 바람이 일고 있다. 그리고 미국에서는 영성을 일깨우는 명상이 돌풍을 일으키고 있다. 시간을 내 따스한 태양 아래 걷거나, 조용한 곳에서 명상에 몰입하거나 하는 것들은 아름다운 자연 속에서 이뤄져야 한다. 사실 옛날의 선사들은 숲 속에서 명상을 해야 한다고 강조하기도 했다. 숲 속에서 평화롭게 산림욕을 하고, 산사(山寺)에서 영성 훈련을 하며, 산맥을 짚어가는 등산을 하는 것은 이제 우리에게 낯설지 않다. 환경을 고려하는 생활을 하고 환경 친화적인 기업의 상품을 구매하는 것도 우리의 일상이 되어버렸다. 자연은 인간에게 공기를 선사하고, 식량을 제공하며, 나아가 인간의 삶에 필수적인 미적 상상력, 문화적 영감, 정신적 지혜, 성스러운 영성을 제공하는 원천이다. 그래서 우리는 작은 집을 하나 짓고, 새로운 도로를 하나 만들고, 댐을 하나 건설하더라도 각각의 생명이 가진 개체적 고유성을 인정하고 엄숙한 마음으로 자연을 대해야 한다. 나아가 우리의 욕망을 자제하면서 덜 소비하고 덜 배출하는 단아한 삶을 살며 정신적 가치를 존중해야 한다. 그렇게 해야만 우리의 정신을 더 고상하게 만들고 생활수준을 높일 수 있다. 한국이 역동적인 민주주의, 진취적인 경제, 창의적인 문화 위에 자연을 존중하는 사고와 행동까지 가지고 있다면, 21세기 세계를 이끌어가는 사상과 문화를 가진 국가로 인정받을 수 있을 것이다.

1 0 0 만 N G O 의 교 차

한국에서 '포항' 하면 무엇이 먼저 떠오를까. 겨울바다를 바라보며 과메기를 먹어본 사람은 이 별미를 떠올릴 것이다. 그러나 대다수는 역시 포스코(구 포항제철)를 떠올리게 마련이다. 포항은 인구 50만 명에 경제기반이 잘 갖춰져 있고 소득도 꽤 높은 공업도시이다. 옆에 있는 대구경제는 빈사(瀕死) 상태에서 허덕이지만 포항경제는 대체로 잘 돌아간다. 그런데 이렇게 경제수준이 높고 비교적 큰 도시인데도, 떠올릴 만한 NGO가 없고, 지역시민운동을 이끌어가며 활동하는 시민단체는 수백 개에 불과하며, 포항을 대표하는 연대체에 겨우 수십 개 단체가 가입해 있는 정도이다. 만약 인구 50만 명의 포항에 5,000

개의 시민단체가 있다면 어떤 일이 일어날까(실제로 인구 28만 명의 독일도시에 2,800개 NGO가 있는 사례가 있다). 그러면 아마 경제는 더 잘 돌아가고, 민주주의는 더 발전할 것이며, 시민들의 삶의 만족도 역시 더욱 높아질 것이다.

시민단체가 5,000개인 포항을 한번 상상해보자. 시민들이 각종 결사체를 만들어 지방정부의 부정부패를 감시하고, 기업의 각종 병리를 견제한다. 주부들은 정부 손길이 미치지 못하는 독거노인이나 소년소녀가장을 돌본다. 은퇴자들은 전문지식을 갖추고 공업도시의 이미지를 자연도시로 바꾸는 환경사업을 전개한다(일본 오사카에 회원이 1,000여 명인 '노인자연대학'이라는 시민단체는 노인들에게 환경교육을 하고, 초등학교에서 환경강의를 하고, TV에 나와 환경토론도 하는데, 이들은 오사카를 자연도시로 만들기 위해 호수에 인공섬까지 만들었다). 청소년들은 도시에 흐르는 강을 청소하고 민주시민교육을 위한 캠프에 참가한다. 학부모들은 아침에 초등학교 앞 횡단보도에서 교통지도를 하고 학교의 민주적 운영을 위해 머리를 맞댄다. 지식인들은 전통과 현대를 접목할 수 있는 새로운 윤리를 개발하고 이를 확산하기 위한 시민학교를 운영한다. 봄에는 시민들 스스로 희귀병환자를 돕기 위한 걷기대회를 개최하고, 가을철에는 자녀들을 위한 사생대회를 연다. 또 겨울에는 잘 꾸민 카페에서 문예 강좌를 열거나 시낭송회 및 작은 음악회를 열수 있다. 다른 곳에서는 포항의 잃어버린 전통을 되살리고 전통문화재를 보호해 문화도시 이미지를 높일 수 있다. 시민단체 연대체는 지방정부와 협의해 포항을 대표하는 축제를 기획하고 모든 시민들이 즐길 만한 신나는 놀이를 만들 수 있다. 심지어 포항에만 존재하는 희귀한 식물·어종을 찾아내 책으로 만들고, 한국에서 가장 큰 규모를 자랑했던 장기숲을 되살리며, 자매결연을 맺은 아프리카나 아시아의 한 도시로 대대적인 국제봉사활동에 나설 수도 있다(포항의 인구와 경제력이라면, 과거 한국군에 의해 대량학살을 당한 베트남의 도시에 좋은 학교와 도서관을 만들어 조금이라도 속죄하는 것이 부담스럽지는 않을 것이다). 이런 도시가 공장에서 조용히 연기가 피어오르고, 도시 번화가에 술집과 게임방이 즐비하며, 집집마다 사람들이 TV를 보거나 컴퓨터 앞에 앉아 있는 것보다 분명 민주주의와 삶의 질 측면에서 나을 것이다.

현대인들은 권력을 잡고 물질적 욕구가 충족되었다고 해서 만족하지 않는다. 저마다 일상적인 삶에서 풍부한 상상력을 갖고 개성을 실현하기를 원한다. 노동과 여가에서 자신의 잠재력을 계발하고 창의성을 발휘할 수 있기를 바란다. 유연한 조직 속에서 아이디어를 유통하고 제약받지 않으며 사유하기를 갈망한다. 새로운 지적 세계를 모험하고 다양한 공동체를 실험하고 싶어한다. 스스로 조직을 만들어 주도권(initiative)을 행사하고 리더십을 경험하고자 한다. 다층적 공론장이 일어나고 여기서 자신의 의견을 표출할 수 있기를 바란다. 사회를 개선하는 공동체의 일에 적극 참여해 일정한 역할을 하기를 소망한다. 소유와 경쟁을 넘어 사회적 연대와 문화적 향유에 관심을 가진다. 자연의 장엄함에 감탄하고 숭고함을 가슴으로 느끼기를 좋아한다. 국경을 넘어 지구촌 사람의 생활에 조금이라도 기여할 수 있기를 바란다. 지적 토론을 통해 미래사회를 진지하게 고민하고 함께 영성을 체험하기를 원한다. 이러한 삶은 결코 국가와 시장이라는 근대적 제도에 의해 가능한 것이 아니다. 그리고 국가와 시장이 아닌 시민사회이더라도 비영리병원, 학교, 복지관과 같은 비영리단체에서는 이를 실행하는 데 한계가 있다. 그렇다고 해서 직능단체(이익집단)나 친목단체에서 충족하기도 어렵다. 결국 시민들이 스스로 결성해 자원봉사를 통해 공익을 추구하는 NGO 활동에서 가능하다.

현대사회는 국가와 시장 중심에서 시민사회 중심 패러다임으로 나아가고 있다. 불과 수십 년 전만 하더라도 시민사회라는 개념조차 제대로 통용되지 않았다. 그러나 현대인이 다양한 자발적 결사체를 만들어 차원 높은 욕구를 스스로 충족하면서 시민사회가 폭발적으로 확장되고 있다. 현대인은 이제 시민사회에서 자신의 정체성을 발견하고 삶의 의미를 찾는다. 예를 들어, 경기도 파주의 어느 시골마을에는 회원 20여 명으로 구성된 독수리보호단체가 있다. 매년 시베리아에서 겨울을 나기 위해 이 마을의 들판으로 수천 마리의 독수리 떼가 날아오는데, 눈이 많이 오면 먹이를 찾지 못해 굶어죽는다. 그래서 회원들은 매월 2만 원의 회비를 내고 주위 양계장의 도움을 받아 2월에 한국으로 날아온 독수리들이 굶어죽지 않고 겨울을 나서 3월에 시베리아로 돌아갈 수 있도록 먹이를 제공한다. 근대적 의미의 발전시각에서 본다면 이런 행동에서 의미를 찾기 어렵다. 자연을 이용해 부(富)를 축적하는 데 초점을 두면, 이런 행동은 낭비에 불과하고, 심지어 바보스러운 행동일 것이다. 그러나 현대인은 이러한 동물보호활동에도 삶의 의미를 부여한다. 산에 야생동물을 잡기 위해 올가미를 놓는 사람도 있지만, 동물보호를 위해 스스로 시간과 돈을 들여서 그것을 걷으러 다니는 사람도 있다. 올가미 회수활동을 통해 동물을 보호함으로써 삶의 중요한 의미를 발견하는 것이다. 이것이 바로 우리들이 오늘날 후산업사회(post-industrial society)를 살아가는 모습이다.

다양한 가치를 가진 사람들이 다양한 삶을 살아가는 후산업사회에서는 시민단체가 중요한 사회적 장치가 된다. 이때 시민단체는 시민의 의견을 정당하게 반영하는 민주주의뿐만 아니라, 함께 어울려 협력하는 공화주의적 가치를 중시하는 쪽으로 나아가고 있다. 즉, 사회를 더욱 풍요롭고 아름다운 곳으로 만들기 위해 시민들 간에 공감·소통·연대가 살아 움직이는 사회로 만드는 것이다. 현대사회는 가치가 다양화되고, 탈물질적인 욕구가 중시되며, 자연이 새로운 의미로 다가오는 시대이다. 개인의 자율과 정체성을 중시하고, 감성과 지적 해방을 추구하며, 조밀한 커뮤니케이션과 문화적 권리를 강조하는 시대이다. 공적 참여가 늘어나고, 세계가 서로 연결되어 소통하며, 각종 결사체가 폭발하는 시대이다. 이런 시대에는 무수한 NGO가 발생할 수밖에 없다. NGO는 누구나 쉽게 만들고, 다양한 사람들이 만나서 공유하는 가치를 실현할 수 있는 곳이다. 그 속에서 사람들과 교류하고, 공동체의 일에 참여하며, 리더십을 경험한다. 또한 자신의 독특한 삶의 세계를 실험하고 대의(大義)에 따르는 행동을 전개한다. 나아가 스스로 삶의 주체가 되어 가치 지향적 삶을 살거나 진정성을 가진 삶을 향유하는 것도 가능하다. 그래서 앞으로는 NGO가 더 많이 생거나 더 큰 역할을 수행할 수밖에 없다. 즉, NGO 시대의 도래는 인간이 근본적으로 지향하는 욕구에 의해 추동되고 있는 것이다.

나를 넘어 사방팔방으로 서로 연결되어 소통하고 연대하는 사회, 국경과 이념을 넘어 세계가 서로 공감하고 협력하는 사회, 그 속에서 자유의 선율이 흐르고 희망을 노래하는 사회를 사람들은 꿈꾸고 있다. 현실을 넘어 유토피아로, 육체를 넘어 영성으로, 이기를 넘어 초월을 감행하는 시대를 소망하고 있다. 심지어 과학을 넘어 신비를 추구하고, 생명을 넘어 죽음을 새롭게 규정하며, 웅변을 넘어 침묵이 대단한 힘을 발휘하는 삶을 전망하고 있다. 이제 시민사회에서 역동적으로 활동하는 NGO의 네트워크 없이 현대인의 실존을 상상할 수 없다. 현대인이 원하는 것은 무자비한 권력의 세계와 삭막한 상품교환의 세계가 아니다. 오히려 현대인은 상냥한 아내와 따뜻한 남편, 천진난만한 아이들, 존경하는 어른과 더불어 대화를 이어가고 아름다운 관계를 맺고자 한다. 가치를 공유하는 이웃을 만나 교류하고, 의미 있는 여가를 보내며, 진지한 수행을 통해 삶의 진정성을 높이고자 한다. 나아가 자신의 영성을 심층적으로 사색해 들어가고, 세상을 총체적으로 관조하며, 우주와 마음으로 소통하는 삶에 기대를 건다. 모든 사람들이 여유와 희망이 살아 있고, 감동과 희열이 넘치는 삶을 누리길 바란다. 그러한 삶은 저 고산준봉(高山峻峰)에 있는 것이 아니다. 그런 삶은 우리의 일상에서 생명·타자·자연·우주 등에 대한 심원한 통찰과 상호소통에 의해 가능하다. 그 소통과 초월의 중심에 NGO가 자리 잡고 있다.

한국에는 2007년 현재 2만 5,000개 정도의 NGO가 있다. 그 대부분이 서울을 위시한 수도권에 집중되어 있다. 최근에 와서 서비스를 생산하고 봉사하는 단체도 많아졌지만, 정치적이고 정책 지향적 활동을 하는 단체가 주축을 이루고 있다. 남녀노소 할 것 없이 모든 연령과 직업을 가진 사람들이 참여하기는 하지만, 여전히 지식인을 중심으로 시민운동이 움직이고 있다. 단체 내부에서도 민주주의원리가 적용되지 않거나 도덕적으로 정당성이 부족한 경우도 많다. 심지어 냉전의식에 사로잡혀 케케묵은 진보·보수 논쟁을 벌이며 제도권력을 추구하기도 한다. 그렇지만 NGO가 주축이 되어 벌이는 한국시민운동은 세계적으로 명성이 높은데다가 아시아 최고수준에 와 있다. 이 과정에서 발생하는 이론적 연구와 실천전략도 세계시민운동을 선도하고 있다. 이런 한국의 NGO가 몇 년 내에 10만 개가 되고, 앞으로 10년 후에 100만 개가 되어 전국에서 무수한 자발적 결사체들이 다양한 영역에서 활동하면서 우리나라를 역동적이고 희망찬 나라로 만들면 얼마나 좋을까. 그리고 이 단체들이 중국과 일본으로, 몽골과 북한으로, 그리고 아시아로, 나아가 세계로 뻗어나가 아시아적 가치를 전파하고 국제적 봉사, 지구적 연대 등을 실현하기 위해 활동한다면, 그것이야말로 진정한 민주주의가 살아 움직여서 인간의 자유가 최고로 발현되는 또 하나의 유토피아가 아닐까.

2,000여 년 전 그리스 아테네에서 찬란한 민주주의가 꽃을 피우고, 18세기 말과 19세기 초 독일 낭만주의가 예술부흥의 거대한 물줄기를 만들었듯이, 21세기 초 한국에서 NGO의 르네상스가 들불처럼 일어나 새로운 삶의 전형을 보여주는 가슴 벅찬 시대가 오기를 기대해본다.

지은이

박상필(朴祥弼)

1980년대에 대학 총학생회장이었다. 그 뒤 방황의 시절을 보내던 중, 미국으로 유학을 떠났다. 귀국해 국회의원에 출마했으나 크게 실패하고는 다시 방황했다. 소설 쓰기에 잠시 기웃거렸지만, 얼마 후 국내 최초 NGO 연구로 박사학위를 받은 그는 방황의 시절과 작별했다(문학은 언젠가 다시 할 것이다). 이제 모든 정열을 NGO 연구에 바치고 있다. 그렇다고 협소하게 NGO만을 연구하거나, 학술적 연구에만 몰두하는 것은 아니다. 그에게 NGO는 이상사회를 구성하고 행복을 제조하는 이론의 일부이자 수단일 뿐이다. 그래서 사회과학의 여러 학문을 기초로 하되 종교학, 철학, 환경학, 여성학, 심리학, 죽음학, 우주물리학, 생물학 등도 공부한다. 시민단체에 직접 참여해 활동하기도 하는 그는 자신이 사는 동네에서 의미 있는 만남을 갖고 대화를 나누는 데도 인색하지 않다. 2005년에 NGO 분야 연구를 하나의 학문으로 정립한 『NGO학』을 일곱 번째 책으로 엮어낸 후, 시민사회의 NGO를 모태로 하는 이상적인 대안사회를 연구하는 데 골몰해 있다. 서구근대성의 병리를 극복하고 인간다운 삶을 누리기 위해, 아시아적 가치에 기반을 둔 한국적 생활모델을 디자인하는 것이 그의 학문적 목표이다.

유토피아 코리아

21세기 풍요한국을 여는 21개의 테제

ⓒ 박상필, 2007

지은이 · 박상필
펴낸이 · 김종수
펴낸곳 · 도서출판 한울
편집책임 · 안광은
편집 · 윤상훈

초판 1쇄 인쇄 · 2007년 12월 27일
초판 1쇄 발행 · 2008년 1월 7일

주소(본사) · 413-832 파주시 교하읍 문발리 507-2
(서울사무소) · 121-801 서울시 마포구 공덕동 105-90 서울빌딩 3층
전 화 · 영업 02-326-0095, 편집 02-336-6183
팩 스 · 02-333-7543
홈페이지 · www.hanulbooks.co.kr
등 록 · 1980년 3월 13일, 제406-2003-051호

Printed in Korea.
ISBN 978-89-460-3855-4 03340